Writing Activities Workbook and Student Tape Manual

Conrad J. Schmitt
Protase E. Woodford

New York, New York Columbus, Ohio Woodland Hills, California Peoria, Illinois

Glencoe/McGraw-Hill

A Division of The McGraw-Hill Companies

Printed in the United States of America.

Send all inquiries to:
Glencoe/McGraw-Hill
8787 Orion Place
Columbus, OH 43240

ISBN 0-02-646364-4 (Teacher's Annotated Edition, Writing Activities Workbook)
ISBN 0-02-646385-7 (Teacher's Edition, Student Tape Manual)
ISBN 0-02-646384-9 (Writing Activities Workbook and Student Tape Manual)

12 13 009 04 03 02

Writing Activities Workbook and Student Tape Manual

WRITING ACTIVITIES WORKBOOK

CONTENIDO

Nombre ______________________ Fecha ______________

LOS VIAJES

CULTURA

LUGARES DE INTERÉS TURÍSTICO

Vocabulario

A **Sinónimos.** Exprese de otra manera.

1. Ha disfrutado de *una estancia* muy *agradable.*

 ____

2. Han *construido* un monumento en su honor.

 ____

3. Han *gozado* de unas vacaciones fabulosas.

 ____

4. Él es un tipo muy *apacible.*

 ____

5. Todos *fueron al* borde del cañón.

 ____

B **¿Cuál es la palabra?** Dé la palabra apropiada.

1. un género de ave (pájaro) de color blanco y negro que tiene alas muy cortas; vive en zonas polares ______________________
2. un réptil que se llama también "tortuga de mar" ______________________
3. un camino empedrado (de piedras) ______________________
4. una colina; una altura ______________________
5. un paso estrecho entre montañas ______________________
6. un sólido que tiene base y, por caras, triángulos que se reúnen en el mismo punto

 ____

Nombre ____________________ Fecha ____________________

C **En las montañas.** Describa el dibujo.

____

____

____

____

____

Comprensión

D **El turismo.** Conteste.

1. ¿En qué estación del año toma mucha gente sus vacaciones?

____

2. ¿En qué lugares del mundo hispano hay playas fantásticas?

____

3. ¿Dónde hay ruinas arqueológicas interesantísimas (de sumo interés)?

____

4. ¿Qué construyeron los mayas en Tikal?

____

5. ¿Qué hay en la península Valdés?

____

Nombre ______________________ Fecha ______________

E **¿Qué es y dónde está?** Identifique.

1. Rincón

____

2. Machu Picchu

____

3. Tikal

____

4. Urubamba

____

5. Punta Tombo

____

F **Más sinónimos.** Exprese de otra manera.

1. *La gente que pasa sus vacaciones de verano* en la Costa del Sol acude a la playa.

____

2. Pasan *algunos* días en un balneario.

____

3. Rincón está en la costa *oeste* de Puerto Rico.

____

4. Machu Picchu *está a* unos 2.300 metros sobre el nivel del mar.

____

5. No sabemos quiénes *construyeron* estas ruinas.

____

6. Las ruinas *se hallan* en Petén, Guatemala.

____

7. Gente de *raza* incaica sin duda construyeron estas ruinas.

____

Nombre ______________________________ Fecha ______________

CONVERSACIÓN

UN VUELO ANULADO

Vocabulario

A **¿Qué es?** Identifique.

1. ______________________
2. ______________________
3. ______________________
4. ______________________

B **Siempre hay dos razones.** Conteste de dos maneras a cada pregunta.

1. ¿Por qué perdió el señor el tren?

____

____

2. ¿Por qué tiene tanta prisa el señor?

____

____

3. ¿Por qué saldrá con retraso el avión?

____

____

4. ¿Por qué tienen que reembolsarle el dinero?

____

____

Nombre ______________________________ Fecha ____________

Comprensión

C **En avión, no. En tren, sí.** Explique por qué el señor decidió tomar el tren a Sevilla y cómo fue del aeropuerto a la estación de ferrocarril.

____

____

____

____

____

LENGUAJE

A **Me hace falta información.** Conteste.

1. ¿De dónde sale el tren para Sevilla?

____

2. ¿Dónde está el hotel Alejandra?

____

3. ¿A qué hora empieza la película?

____

4. ¿Cuántas sesiones hay?

____

B **Más preguntas.** Forme una pregunta con cada una de las palabras siguientes.

1. ¿Cuándo ______________________________?
2. ¿Cuánto ______________________________?
3. ¿Cómo ______________________________?
4. ¿Cuál ______________________________?
5. ¿Dónde ______________________________?
6. ¿Adónde ______________________________?
7. ¿Qué ______________________________?
8. ¿Quién ______________________________?

Nombre ______________________ Fecha ______________

ESTRUCTURA I

El pretérito de los verbos regulares

A **Pasado o presente.** Indique si el adverbio expresa tiempo pasado o presente.

	pasado	presente
1. ahora	________	________
2. ayer	________	________
3. este año	________	________
4. en este momento	________	________
5. hace un año	________	________
6. anoche	________	________
7. esta noche	________	________
8. el verano pasado	________	________

B **En un café de Madrid.** Complete con el pretérito de los verbos.

Anoche yo ________(1) (sentarse) en la terraza de un café en la Castellana, una calle bonita de Madrid. Yo ________(2) (comenzar) a mirar a la gente que pasaba por el café. De repente un autobús ________(3) (pararse) en la esquina y ________(4) (bajar[se]) mi amigo Carlos. Él me ________(5) (ver) y ________(6) (sentarse) a la mesa conmigo. Nosotros dos ________(7) (empezar) a hablar de muchas cosas. Luego él me ________(8) (invitar) a ir con él a un mesón. Yo lo ________(9) (acompañar). En el mesón nosotros ________(10) (comer) algunas tapas y ________(11) (escuchar) la música de los tunos. Nosotros ________(12) (pasar) unas horas muy agradables.

Nombre ____________________ Fecha ____________

C **Unos días en Madrid.** Escriba el párrafo en el pasado.

Mis amigos y yo pasamos unos días en Madrid. José, un amigo de mi hermano, me invita a ir al barrio viejo. Nos sentamos en la terraza de un café en la Plaza Mayor. Luego él me invita a ir a un mesón en la calle de Cuchilleros. Cuando entramos, José ve a otro amigo, Felipe. Felipe canta y toca la guitarra. Luego entran otros amigos y todos hablamos juntos. Llego a casa muy tarde pero no importa porque lo paso muy bien en Madrid.

____

____

____

____

____

____

____

D **En el mercado de Chichicastenango.** Complete con el pretérito de los verbos.

El domingo pasado la muchacha ________ (1) (salir) de casa muy temprano por la mañana. Ella ________ (2) (salir) con su familia. Después de tres horas de viaje, ellos ________ (3) (llegar) al mercado de Chichicastenango. En el mercado sus padres ________ (4) (vender) mucho. Ellos ________ (5) (ganar) más de quince quetzales. En el mercado la muchacha ________ (6) (ver) a sus amigos. Ella ________ (7) (hablar) con una amiga.

—Hola, María. Yo no te ________ (8) (ver) esta mañana cuando nosotros ________ (9) (salir) de casa.

—Pues, ¿a qué hora ________ (10) (salir) Uds.?

—Nosotros ________ (11) (salir) a las seis y media. ¿Y Uds.?

—Nosotros ________ (12) (salir) más temprano, a eso de las seis.

—Ahora yo sé por que no nos ________ (13) (ver).

Nombre ______________________ Fecha ______________

El pretérito de los verbos de cambio radical

E **Una comida.** Escriba frases según el modelo.

yo / langosta él / camarones (pedir)
Yo pedí langosta y él pidió camarones.

1. yo / pescado él / papas (freír)
____
2. él / plato principal yo / ensalada (servir)
____
3. él y yo / postre tú / café (pedir)
____
4. todos ellos / postre yo / también (repetir)
____
5. ellos / en seguida yo / también (dormirse)
____
6. nadie / de hambre yo casi / de sed (morirse)
____

F **En la sala de emergencia.** Escriba en el pasado.

1. El paciente pide ayuda cuando llega a la sala de emergencia.
____
2. Los médicos consiguen cerrarle la herida.
____
3. La enfermera viste al niño.
____
4. ¿Por qué no pides anestesia?
____
5. Los pacientes no se ríen de nada.
____

Nombre ______________________ Fecha ______________

G En un restaurante. Complete con el pretérito de los verbos.

1. Yo ______________ un carro. (conducir)
2. Lupe ______________ otro carro. (conducir)
3. Nosotros ______________ a un restaurante bueno y económico en el campo. (ir)
4. El camarero ______________ a la mesa. (venir)
5. Él ______________ el menú y lo ______________ en la mesa. (traer, poner)
6. La mayoría de nosotros no lo ______________ comprender. (poder)
7. Ana nos lo ______________. (traducir)
8. Nosotros ______________ que pedir en español porque el camarero no comprendió ni una palabra de inglés. (tener)
9. Una vez él no comprendió y nos ______________ una señal. (hacer)
10. Y luego nosotros se lo ______________ otra vez. (decir)
11. Después de comer, nosotros ______________ por los jardines. (andar)
12. Nadie ______________ volver a la ciudad. (querer)

H En el mismo restaurante. Conteste.

1. ¿Quiénes condujeron?

   ____

2. ¿Adónde fueron Uds.?

   ____

3. ¿Qué hizo el camarero cuando vino a la mesa?

   ____

4. ¿Quién tradujo el menú?

   ____

5. ¿Por qué tuvo que traducir el menú?

   ____

6. ¿Por qué fue necesario pedir en español?

   ____

7. ¿Por qué anduvieron Uds. por los jardines después de comer?

   ____

Nombre ______________________ Fecha ______________

PERIODISMO

SAN ÁNGEL: *San Ángel, un oasis capitalino*

Vocabulario

A **Sinónimos.** Exprese de otra manera.

1. bajar(se) del minibús ______________________
2. miniaturas de pájaros ______________________
3. el mercader ______________________
4. una calle estrecha ______________________
5. sacar fotografías ______________________
6. fabricar ______________________
7. el sitio ______________________
8. situado ______________________

B **Un bazar.** Describa el dibujo.

____

____

____

____

____

Nombre ______________________ Fecha ______________

Comprensión

C **San Ángel, un oasis capitalino.** Explique por qué el autor del artículo dice que San Ángel es un oasis en la capital mexicana.

____

____

____

____

____

EL AVE: *AVE: De Madrid a Sevilla en menos de tres horas y por 6.000 pesetas*

Vocabulario

A **Frases originales.** Escriba una frase con cada palabra.

1. recorrer ______________________
2. el trayecto ______________________
3. el tramo ______________________
4. el aseo ______________________
5. apetecer ______________________

Comprensión

B **El AVE.** En sus propias palabras escriba una descripción del AVE.

____

____

____

____

____

____

____

____

____

Nombre ______________________ Fecha ______________

EL TIEMPO

Vocabulario

A **¿Qué tiempo hace?** En pocas palabras, describa el tiempo favorable para hacer lo que hacen las personas en los dibujos.

1. ______________________

2. ______________________

3. ______________________

Comprensión

B **El tiempo es importante.** Dé cinco razones por las cuales el pronóstico meteorológico les interesa mucho a los viajeros. ¿Por qué es muy importante el tiempo para ellos?

1. ______________________
2. ______________________
3. ______________________
4. ______________________
5. ______________________

Nombre ______________________ Fecha ______________

ESTRUCTURA II

La formación del subjuntivo

A **Mañana quiero que mis amigos...** ¿Cuáles son cinco cosas que Ud. quiere que sus amigos hagan mañana?

1. ______________________
2. ______________________
3. ______________________
4. ______________________
5. ______________________

B **Mis padres quieren que yo...** ¿Cuáles son cinco cosas que sus padres quieren que Ud. haga?

1. ______________________
2. ______________________
3. ______________________
4. ______________________
5. ______________________

C **Espero que mis padres...** ¿Cuáles son cinco cosas que Ud. espera que sus padres hagan?

1. ______________________
2. ______________________
3. ______________________
4. ______________________
5. ______________________

Nombre ______________________ Fecha ______________

El subjuntivo con expresiones impersonales

D **Un tren sin locomotora.** El tren está en la estación de ferrocarril. Pero hay un problema. No hay locomotora. ¿Qué va a pasar? Complete.

1. Es probable que ______________________.
2. Es posible que ______________________.
3. Es imposible que ______________________.
4. Es difícil que ______________________.
5. Es importante que ______________________.

E **El avión va a salir tarde.** Hace mal tiempo. El avión sale con dos horas de retraso. ¿Qué va a pasar? Complete.

1. Es probable que ______________________.
2. Es posible que ______________________.
3. Es imposible que ______________________.
4. Es difícil que ______________________.
5. Es importante que ______________________.

F **Un viaje.** Complete.

1. Voy a hacer un viaje a ______________. Pero antes de salir tengo mucho que hacer.
   Es necesario que yo ______________________
   ____
   ____
2. Mi amigo(a) va a acompañarme. Durante el viaje quiero que él/ella ______________
   ____
   ____
3. Durante el viaje es importante que nosotros ______________________
   ____
   ____

Nombre ______________________ Fecha ______________

El subjuntivo en cláusulas nominales

G **Preguntas personales.** Complete.

1. Espero que (Tengo ganas de que) tú ______________________.
2. Francamente prefiero que tú ______________________.
3. Yo sé que tú quieres que yo ______________________.
4. Todo el mundo exige que (insiste en que) yo ______________________.
5. Pero yo insisto en que tú ______________________.

H **El/La profesor(a).** Escriba cinco cosas que su profesor(a) de español insiste en que sus alumnos hagan.

1. ______________________
2. ______________________
3. ______________________
4. ______________________
5. ______________________

Sustantivos masculinos que terminan en **a**

I **Palabras de origen griego.** Complete con el artículo definido.

1. ____________ mapas están en la guantera del carro.
2. No, ____________ programa no está en la guantera.
3. No está funcionando ____________ sistema eléctrico.
4. Recibí ____________ telegrama esta mañana.
5. Él me indicó ____________ días que estaría con nosotros.

Sustantivos femeninos en **a, ha** *inicial*

J **Artículos y adjetivos.** Complete con el artículo definido y el adjetivo.

1. ____________ agua del océano es ____________. (salado)
2. ____________ armas de fuego son ____________. (peligroso)
3. ____________ hambre en aquel país es ____________. (espantoso)
4. ____________ águila tiene ____________ ala ____________. (roto)
5. ____________ problema existe en ____________ (todo) ____________ área ____________. (metropolitano)

Nombre ____________________ Fecha ____________

LITERATURA

¡AL PARTIR!

Vocabulario

A **¿Qué es?** Identifique.

1. ____________________
2. ____________________
3. ____________________
4. ____________________
5. ____________________

B **La salida.** Exprese de otra manera.

1. Todos *van* al muelle para ver la salida del *barco.*

____

2. El barco va a *salir.*

____

3. Primero tiene que *levantar* ancla.

____

4. ¡Qué *tristeza!*

____

Nombre ______________________ Fecha ______________

Comprensión

C **¡Al partir!** Lea el poema *¡Al partir!* Al leerlo dibuje lo que Ud. ve. Luego escriba un párrafo para describir su dibujo.

Nombre ______________________________ Fecha ______________

EL VIAJE DEFINITIVO

Vocabulario

A **La palabra apropiada.** Escoja.

1. ________ tiene alas.
   a. Un pájaro   b. Un árbol   c. Un pozo
2. ________ tiene agua.
   a. Un pájaro   b. Un árbol   c. Un pozo
3. ________ tiene hojas.
   a. Un pájaro   b. Un árbol   c. Un pozo
4. ________ tiene frutas y vegetales.
   a. Un árbol   b. Un huerto   c. Un campanario

B **Sinónimos.** Exprese de otra manera.

1. Ellos *permanecieron* allí sólo unos seis meses.

   ____

2. Luego *se marcharon.*

   ____

3. El campanario se encuentra en una plaza *tranquila.*

   ____

4. El campanario está rodeado de un pequeño *jardín.*

   ____

Comprensión

C **Juan Ramón Jiménez.** Conteste.

1. ¿Dónde nació Juan Ramón Jiménez?

   ____

2. ¿De qué sufrió Juan Ramón Jiménez?

   ____

3. ¿Cuándo fue a Madrid?

____

4. ¿Por qué escribía en una habitación acorchada?

____

5. ¿En qué ciudad de los Estados Unidos vivió?

____

6. ¿Con quién se casó?

____

7. ¿De dónde era ella?

____

8. ¿Por qué se desterró Jiménez?

____

9. ¿Qué premio le fue otorgado?

____

D **La muerte.** Explique la filosofía sobre la muerte que expone Juan Ramón Jiménez en su poema *El viaje definitivo.*

____

____

____

____

____

____

____

____

____

____

Nombre ____________________ Fecha ____________

TURISMO Y CULTURA

Vocabulario

A **¿Cuál es la palabra?** Dé la palabra apropiada.

1. un oficial del ejército ____________
2. un profesor universitario ____________
3. un lugar donde hay muchos árboles y otra vegetación ____________
4. hacer pagar ____________
5. famoso, muy conocido ____________
6. una forma de precipitación en el aire ____________
7. un tipo de chaqueta ____________
8. pedir, insistir ____________

Comprensión

B **La sátira.** Explique en español lo que es la sátira.

____

____

____

____

____

C **¿Quién es o qué es?** Identifique.

1. El balalaika

____

2. El chupe

____

3. Nefertiti

____

4. Alejandro Humboldt

____

Nombre ________________ Fecha ________________

D **Análisis.** Explique en español por qué *Turismo y cultura* es una sátira.

____

____

____

____

____

Nombre ______________________ Fecha ______________

UN POCO MÁS

A **Un folleto turístico.** Lea los siguientes informes que aparecen en un folleto turístico sobre la Costa del Sol en el sur de España.

DEPORTES

Los 140 kilómetros de litoral y la excepcional suavidad de su clima hacen de la Costa del Sol el lugar ideal para la práctica de toda clase de deportes. La primacia la ostentan los que tienen como escenario el mar: natación, remo, vela, windsurfing, pesca submarina.

Hay puertos deportivos y clubs náuticos en la mayoría de las localidades y pueblos.

TENIS

Pistas de tenis existen en la casi totalidad de las urbanizaciones y establecimientos hoteleros. Algunas están especialmente acondicionadas para la celebración de encuentros nocturnos.

Pueden alquilarse las raquetas, siendo los precios aproximados para una hora de juego entre 200 y 500 ptas.

Para los que deseen perfeccionar su estilo, existen asimismo unas escuelas con grandes profesionales como profesores.

EQUITACIÓN

La equitación es deporte que, en los últimos años, ha conocido un gran auge. Gracias a este gusto por la monta, se han abierto numerosas caballerizas donde pueden alquilarse caballos para toda clase de excursiones y paseos.

Igualmente existen gran número de pistas y profesores especializados que imparten sus clases en las especialidades de cercado y aire libre.

GOLF

El golf juega un papel importante en el conjunto de los deportes que se practican en la Costa del Sol. Trofeos como el Open de España y la World Cup han dado renombre a nuestros campos, hasta tal punto que bien puede llamarse a la Costa del Sol "la Costa del Golf". Su gran categoría obliga a reseñar los diferentes Campos existentes, con indicación de Par, número de Hoyos y Recorrido.

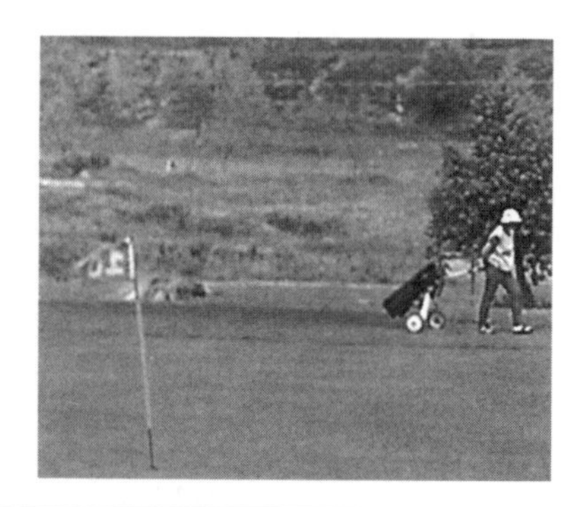

OFICINA DE INFORMACIÓN TURÍSTICA

SERVICIOS DE TRENES Y AUTOBUSES

Estación RENFE en Málaga c/ Cuarteles. Telf. 31 25 00.
Información y billetes: c/Strachan, 2. Telf. 21 33 22
Existe un ferrocarril suburbano que cubre, en ambos sentidos el trayecto Málaga-Fuengirola, con apeaderos en los aeropuertos nacional e internacional de Málaga. Los trenes circulan cada treinta minutos, desde las 6 hasta las 24 horas.

AUTOBUSES

Líneas regulares a Granada, Almería, Sevilla, Antequera (enlace con Córdoba) y Algeciras (enlace con Cádiz).
Autobuses, asimismo, a todas las localidades de la Costa del Sol, Occidental y Oriental.
Terminales en Málaga: Dirección Torre del Mar-Nerja: Plaza Toros Vieja, Telf. 31 04 00
Dirección Torremolinos-Marbella: Córdoba, 7, Telf. 22 73 00.

Nombre ______________________ Fecha ______________

B **La Costa del Sol.** Conteste en español según lo que ha leído en el folleto turístico.

1. ¿Qué trayecto cubre el tren suburbano?

____

2. ¿Dónde hay apeaderos?

____

3. ¿Con qué frecuencia circulan los trenes?

____

4. ¿Cuántos kilómetros de litoral hay en la Costa del Sol?

____

5. ¿Qué hace de la Costa del Sol un lugar ideal para la práctica de los deportes?

____

6. ¿Dónde hay pistas de tenis?

____

7. ¿Qué puede hacer el/la visitante si no tiene raqueta?

____

8. ¿Por qué se han abierto numerosas caballerizas?

____

9. ¿Por qué se puede llamar a la Costa del Sol "la Costa del Golf"?

____

____

Nombre ____________________ Fecha ____________________

C **Un anuncio.** Lea el siguiente anuncio que apareció en el periódico *El País* de Montevideo.

INOLVIDABLES
VACACIONES CHILENAS

CON EL MAS COMPLETO TOUR ANDINO

Viajes Continental y Thomas Cook le invitan a pasar sus mejores vacaciones de julio en Chile. Con un completísimo programa pensado para disfrutar, conocer, divertirse y realizar compras.

CHILE COMPLETISIMO - Julio

- Pasaje Aéreo MONTEVIDEO/SANTIAGO/MONTEVIDEO
- Copa de Bienvenida
- 07 NOCHES DE ALOJAMIENTO c/ desayuno Americano
- TRASLADOS IN/OUT
- CITY TOUR
- TOUR A VIÑA DEL MAR Y VALPARAISO
- TOUR AL CENTRO DE SKI DE FARELLONES
- TOUR A HACIENDA c/almuerzo inc.
- VISITA A BODEGA CONCHA Y TORO
- CENA SHOW EN BALI HAI
- TOUR DE COMPRAS AL SHOPPING APUMANQUE

Precio **U$S 498** p. persona.
(base habitación doble)

Viajes
CONTINENTAL
International Ltda.
25 de Mayo, 732 - Tels.: 92 09 41 92 09 30

Thomas Cook
Le presenta el mundo Usted Elige
Calidad es nuestro estilo

D **Inolvidables vacaciones.** Conteste en español según lo que ha leído en el anuncio.

1. ¿Qué país recomiendan para las vacaciones?

____

2. ¿Para qué mes?

____

3. ¿Cuál es el precio por persona?

____

Nombre ____________________ Fecha ____________________

E **¿Cómo se dice?** Busque la expresión equivalente en español.

1. airfare ____________________
2. 7 nights lodging ____________________
3. transfers ____________________
4. double room ____________________

F **Adivinanzas.** Concha y Toro es una compañía chilena que produce muy buenos vinos. Explique en inglés lo que Ud. cree que sería una bodega.

____

____

____

____

____

Nombre ______________________________ Fecha ____________________

G **Un nuevo servicio.** Lea el siguiente anuncio que apareció en el periódico *El Comercio* de Quito, Ecuador.

CHEQUEO ANTICIPADO

A partir del 15 de Junio se inició en el Aeropuerto de Quito el servicio de CHEQUEO ANTICIPADO para nuestros pasajeros. Entre las 19h00 y 21h00 de todos los días se puede realizar este chequeo para cualquiera de los vuelos del día siguiente. Quienes utilicen este servicio recibirán su pase a bordo y podrán presentarse una hora antes de la salida de su vuelo en los filtros de inmigración.

(315246)

H **En sus propias palabras.** Explique en inglés de lo que se trata el anuncio.

____

____

____

____

____

____

Nombre ______________________________ Fecha ________________

I **El pronóstico meteorológico.** Lea el pronóstico siguiente.

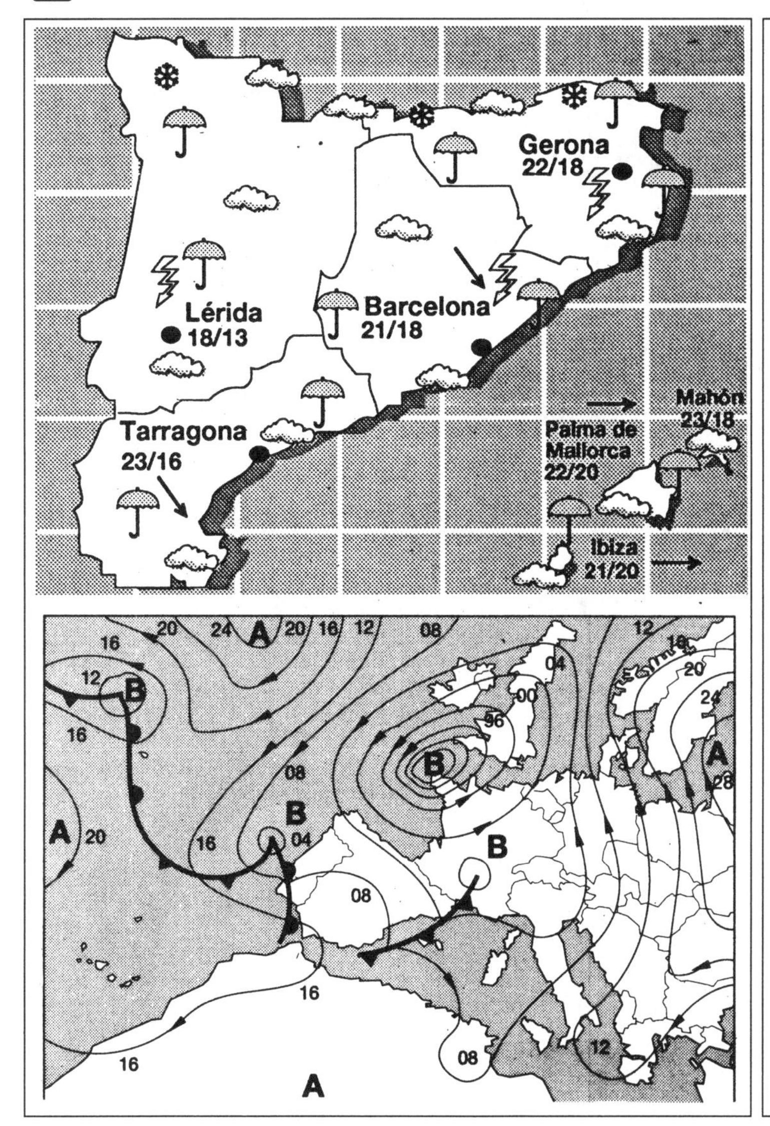

CATALUÑA / BALEARES

El cielo estará nuboso durante todo el día en el archipiélago, con lluvias frecuentes y vientos flojos del Noroeste. En nuestra comunidad seguirá el mal tiempo, con cielo muy nuboso o cubierto y precipitaciones frecuentes, siendo en forma de nieve por encima de los 1.500 metros en los Pirineos. Se producirán chubascos irregulares de origen tormentoso, tanto en distribución como en intensidad, que podrán alcanzar en algunas zonas una cierta intensidad, preferentemente en las proximidades de las montañas. Los vientos soplarán flojos del Noroeste en la desembocadura del Ebro, con brisas en la costa. Las temperaturas en ambas comunidades se mantendrán sin grandes cambios.

Estado del mar. Se formarán núcleos tormentosos con aguaceros y vientos racheados de intensidad muy variable. En general soplarán vientos flojos del Noroeste en Tarragona y Baleares, con marejadilla y una altura de olas entre 0,5 y 1 metros. En el resto de nuestras costas predominarán las brisas costeras. Las temperaturas en nuestras aguas oscilarán entre los 18° que tendrán en Gerona, Barcelona y Tarragona, los 19° que alcanzarán en las del norte de Baleares y los 20° que tendrán al sur del archipiélago.

J **El tiempo en Cataluña y Baleares.** Describa en inglés el tiempo que hará en esta región.

____

____

____

____

____

____

____

Nombre ______________________ Fecha ______________

K **Ahora en español.** Describa de nuevo el tiempo que hará en esta región, pero ahora en español. Use sus propias palabras.

____

____

____

____

____

____

____

Nombre ________________ Fecha ________________

RUTINAS

CULTURA

LA VIDA DIARIA

Vocabulario

A **¿Cuál es la palabra?** Dé la palabra apropiada.

1. la señora de la casa ________________
2. los que tienen su residencia en el mismo barrio o en la misma zona de una ciudad o un pueblo ________________
3. el que le enseña a alguien a hacer alguna actividad ________________
4. presentarse, ir a ________________
5. los trabajos o las actividades que uno hace ________________
6. comida que se prepara y que se come rápidamente ________________

B **Palabras relacionadas.** Dé una palabra relacionada.

1. el entrenamiento ________________
2. la cosecha ________________
3. el riego ________________
4. la vecindad ________________
5. la siembra ________________
6. tejer ________________

Nombre ______________________ Fecha ______________

C **En el altiplano.** Describa el dibujo.

____

____

____

____

____

____

____

Comprensión

D **La vida de Débora.** Describa la vida de Débora en Puerto Rico.

____

____

____

____

____

____

____

Nombre ______________________ Fecha ______________

E **La vida de Hipólito.** Describa la vida de Hipólito en Bolivia.

____

____

____

____

____

____

____

____

____

____

F **Diferencias.** Explique algunas diferencias entre la rutina de Débora y la de Hipólito. Explique por qué existen estas diferencias.

____

____

____

____

____

____

____

G **¿Qué es o quién es?** Identifique.

1. el entrenamiento ______________________
2. la cosecha ______________________
3. el riego ______________________
4. la vecindad ______________________
5. la siembra ______________________
6. tejer ______________________

Nombre ______________________ Fecha ______________

CONVERSACIÓN

PLANES PARA HOY

Vocabulario

A **¿Cuál es la palabra?** Complete.

1. A mi parecer ese ________________ es más que descortés. Es grosero.
2. Ya estoy harto. No puedo más. Si él continúa haciendo cosas que no me agradan, voy a ________________.
3. Yo te aseguro que este ________________ habla de todos y todo lo que dice es malo.
4. El ________________ es responsable de la construcción de un nuevo sistema de metro.
5. Los de la clase de biología van a visitar ________________ porque están estudiando muchos géneros de plantas raras.

B **Profesiones y oficios.** Prepare una lista de todas las profesiones u oficios que Ud. ha aprendido en español.

____

____

____

____

____

Comprensión

C **Los planes para hoy.** Describa los planes que Ud. tiene para hoy.

____

____

____

____

____

____

____

____

Nombre ______________________ Fecha ______________

LENGUAJE

A **En la mesa.** Prepare una conversación que puede tener lugar entre un anfitrión y sus invitados.

B **Una invitación.** Prepare una conversación. Alguien le invita a un(a) amigo(a) o a un(a) conocido(a) a hacer algo. Ud. puede decidir si la persona acepta la invitación o no.

Nombre ______________________ Fecha ______________

ESTRUCTURA I

El imperfecto
Los verbos regulares

A **Don Quijote y Sancho Panza.** Complete con el imperfecto de los verbos.

Don Quijote ________(1) (ser) un caballero andante. Él ________(2) (ir) a luchar contra los males del mundo. Don Quijote ________(3) (tener) un escudero que ________(4) (llamarse) Sancho Panza. Sancho ________(5) (ser) bajo y gordo. Don Quijote siempre ________(6) (hacer) cosas que Sancho no ________(7) (querer) hacer. Don Quijote ________(8) (creer) que algunos molinos de viento ________(9) (ser) gigantes y él los ________(10) (querer) atacar. Sancho ________(11) (creer) que Don Quijote ________(12) (estar) loco.

B **Una señora generosa y rica.** Complete con el imperfecto de los verbos.

1. La señora Martín ________ en México. (vivir)
2. Todos los días el chófer la ________ al mercado. (llevar)
3. Allí ella ________ comida y otras cosas que ________. (comprar, necesitar)
4. Cuando ella ________ al mercado ella le ________ monedas a los pícaros que de costumbre la ________ en la calle. (ir, dar, esperar)
5. Los niños ________ que esta señora rica ________ muy generosa. (saber, ser)
6. Por la tarde la señora ________ a casa. (volver)

Nombre ______________________ Fecha ______________

C **Una excursión con papá.** Complete con el imperfecto de los verbos.

1. Cuando Pablo ______________ muy joven, él ______________ con frecuencia a las montañas. (ser, ir)
2. Su padre lo ______________ siempre. (acompañar)
3. Ellos ______________ casi todos los sábados. (ir)
4. Cuando ellos ______________ a las montañas, ______________ una merienda. (llegar, preparar)
5. Papi ______________ el almuerzo y Pablito ______________ la mesa plegable. (preparar, poner)
6. ______________ un lago en las montañas. (haber)
7. Pablo ______________ en el lago cuando ______________ buen tiempo. (nadar, hacer)
8. A Pablo le ______________ mucho estas pequeñas excursiones con papi. (gustar)

El imperfecto y el pretérito
Acción repetida y acción terminada

D **Depende de cuándo.** Escoja.

1. ¿A qué hora ________ anoche?
   a. llegabas **b.** llegaste
2. Siempre ________ bien.
   a. jugaba **b.** jugó
3. En la universidad ________ todas las noches.
   a. estudiábamos **b.** estudiamos
4. Ellos ________ el otro día.
   a. venían **b.** vinieron
5. Carlos me lo ________ ayer.
   a. decía **b.** dijo
6. Alguien te ________ por teléfono hace una hora.
   a. llamaba **b.** llamó
7. La profesora ________ el poema para la clase.
   a. traducía **b.** tradujo
8. María ________ cuando su padre llamó por teléfono.
   a. comía **b.** comió

Nombre ______________________ Fecha ______________

E **Cuando era niño(a).** Complete con el pasado de los verbos.

Cuando yo ______(1) (ser) niño(a), yo ______(2) (levantarse) temprano los sábados. A las seis de la mañana, yo ______(3) (salir) de casa con mi familia. En el invierno nosotros ______(4) (ir) a las montañas y en el verano ______(5) (ir) a la playa. En las montañas yo siempre ______(6) (esquiar). En la playa toda la familia ______(7) (nadar). Nosotros ______(8) (correr) las olas o ______(9) (tomar) el sol.

Una vez mi hermano menor ______(10) (ponerse) enfermo. Por eso ______(11) (tener) que volver a casa temprano. Mi madre ______(12) (llamar) al médico y él ______(13) (venir) en seguida. Él ______(14) (examinar) a mi hermanito y nos ______(15) (decir) que él había tomado demasiado sol.

Dos acciones en la misma oración

F **¿Qué lo interrumpió?** Complete con el pasado de los verbos.

1. Mamá ______ cuando papi ______ por teléfono. (comer, llamar)
2. Yo ______ cuando me ______. (esquiar, caer)
3. Tomás, ¿a qué ______ cuando yo te ______? (jugar, ver)
4. Los jóvenes ______ cuando el profesor ______. (estudiar, llegar)
5. Yo ______ en el sofá cuando mis amigos me ______. (dormir, despertar)

Nombre ______________________ Fecha ______________

PERIODISMO

EL SERVICIO MILITAR: *Cuatro españolas a la guerra de Bosnia*

Vocabulario

A **El ejército.** Complete con una palabra apropiada.

1. En algunos países los jóvenes tienen que ______________ en el servicio ______________ a los dieciocho años.
2. Los soldados llevan sus provisiones en una ______________.
3. Los soldados llevan ______________, generalmente rifles.
4. El soldado está ______________ de su bravura.
5. Luchar en una batalla por la defensa de su país es un acto de ______________.
6. El perro siempre está atado. Por ______________, el caballo siempre corre ______________ por el campo.

B **Preguntas personales.** Conteste.

1. ¿Trata Ud. cariñosamente a los niños?

____

2. ¿De qué está Ud. orgulloso(a)? ¿Qué ha hecho Ud. que le da orgullo?

____

3. ¿Cuál es un curso útil que Ud. está tomando este año?

____

4. ¿Piensa Ud. ingresar en la universidad al terminar con sus estudios secundarios?

____

5. ¿Cuáles son algunas cosas que Ud. toma muy en serio?

____

6. ¿Cuáles son algunas cosas que Ud. toma en broma?

____

Nombre ______________________ Fecha ______________

Comprensión

C **Opiniones.** En el artículo "Cuatro españolas a la guerra de Bosnia", dice que las mujeres del Ejército español no pueden integrar unidades de combate. ¿Cree Ud. que es una política justa o no? Defienda sus opiniones.

D **Frases originales.** Escriba una frase con cada palabra.

1. el ejército
2. el soldado
3. la tropa
4. el paracaidista
5. el conflicto
6. ingresar
7. reemplazar
8. la misión

Nombre ________________ Fecha ________________

EL PRIMER DÍA DE CLASES: *Carteras*

Vocabulario

A **Palabras relacionadas.** Dé una palabra relacionada.

1. aprender, el aprendizaje ________________
2. la hoja ________________
3. el sueño ________________
4. preciso, precisamente ________________
5. el dinero ________________
6. la ilusión ________________

Comprensión

B **Carteras.** ¿Cómo dice el artículo lo siguiente?

1. los alumnos ________________
2. son el futuro ________________
3. su futuro ________________
4. han costado mucho ________________
5. vacaciones de verano ________________
6. buenos resultados y malos resultados ________________
7. todas las cosas que necesitan ________________

C **Opiniones.** El artículo "Carteras" se refiere a las emociones que muchos alumnos sienten el primer día de clases después del verano. Escriba sobre las emociones que Ud. siente cada vez que vuelve a las clases después de las vacaciones veraniegas.

____

____

____

____

____

Nombre ______________________ Fecha ______________

ESTRUCTURA II

El subjuntivo con expresiones de duda

A **¿Lo crees o no?** Complete con el subjuntivo o el indicativo de los verbos.

1. Yo creo que ellos llegan a tiempo pero Juan duda que ellos no llegen a tiempo. (llegar)
2. Yo estoy seguro(a) que ellos quieren asistir pero Juan dice que es dudoso que ellos no quieran asistir. (querer)
3. Yo no estoy seguro(a) que él tenga razón pero Juan no duda que él tiene razón. (tener)
4. No hay duda que nosotros vamos a saber dentro de poco quién tiene razón. (ir)

B **¿Qué cree Ud.?** ¿Van a llegar a tiempo o no? ¿Quieren asistir o no? ¿A qué quieren asistir o no asistir? Diga todo lo que Ud. cree y todo lo que Ud. no cree. Use su imaginación.

____

____

____

____

____

El subjuntivo con verbos especiales

C **¿Consejos o mandatos?** Complete según el dibujo. Use el verbo *fumar.*

1. El señor les pide que no fumen.
2. Mamá me aconseja que no fume.
3. El profesor nos recomienda que no fumemos.
4. El médico te manda que fumes.

Nombre ______________________ Fecha ______________________

D **Mi amigo(a).** Relate una discusión que Ud. ha tenido con su mejor amigo(a).

Él (Ella) me aconseja que no cante.

Y yo le recomiendo que él (ella) escuche en clase.

Él (Ella) me sugiere que yo coma.

Y yo le pido que el corra.

Él (Ella) me dice que sea simpatico.

Y yo le digo a él (a ella) que deba cantar.

E **¿Por qué?** Diga por qué su amigo(a) del Ejercicio D le aconseja lo que le aconseja y por qué Ud. le recomienda a su amigo(a) lo que Ud. le recomienda.

____

____

____

____

____

____

El subjuntivo con expresiones de emoción

F **Sentimientos.** Complete.

Me gusta que mis amigos escuchen cuando yo tengo una problema.

____

____

Pero me entristece que mis amigos no puedan ir con mi Familia y yo a Tahoe.

____

____

Nombre ____________________ Fecha ____________________

G **Emociones y reacciones.** Complete esta conversación entre Ud. y un(a) buen(a) amigo(a).

—Estoy contento(a) que tú duermas bien.

—Pero estoy triste que tú llores tanto.

—Francamente me sorprende que tú toce el piano tan bien.

—Siento que tú sientas mal.

—A mi parecer, es una lástima que tú no salgas mas.

H **Una carta.** Escríbale una carta a otro(a) amigo(a), explicándole el problema que existe entre Ud. y su amigo(a) del Ejercicio G.

Nombre ______________________________ Fecha ______________

LITERATURA

SUEÑOS

Vocabulario

A **¿Quién es el señor?** Complete según el dibujo.

Este señor tiene ______________ y una barba larga. Él no necesita una ______________ porque nunca se afeita. El señor va a ______________ a su victrola pero antes tiene que ponerse los ______________ para poder leer el título del disco. En la pared cerca de la victrola cuelga una ______________.

B **Sinónimos.** Exprese de otra manera.

1. *La señal* luminosa indica que no se puede fumar.

   ____

2. El señor está *cruzando* la calle.

   ____

3. Están *tirando* un saco grande de cereales.

   ____

4. Tiene que ponerse *las gafas*.

   ____

Nombre ______________________ Fecha ______________

Comprensión

C **¿Cuál prefiere?** Existen varias versiones del poema "Sueños". Esta versión termina: *Sueño también que se me cae el pelo.* Otra versión termina: *Sueño también que se me caen los dientes.* Comente sobre las diferencias. ¿Por qué cree que el autor escribió dos versiones? ¿Cuál prefiere Ud. y por qué?

____

____

____

____

____

____

____

D **Un antipoeta.** Nicanor Parra describe un "antipoeta" de esta manera:

¿Qué es un antipoeta?
¿Un comerciante en urnas y ataúdes?
¿Un general que duda de sí mismo?
¿Un sacerdote que no cree en nada?
¿Un bailarín al borde del abismo?
¿Un poeta que duerme en una silla?

Comente. ¿Cuál de las descripciones es la más válida? ¿Cómo describiría Ud. a un antipoeta?

____

____

____

____

____

____

____

____

____

Nombre ____________________ Fecha ____________

LOS OTROS MADRILEÑOS: *Comidas y bebidas*

Vocabulario

A **Frases originales.** Escriba una frase con cada palabra o expresión.

1. rechazar ____________________
2. despreciar ____________________
3. dar la lata ____________________
4. la disculpa ____________________
5. guisar ____________________

Comprensión

B **La Guerra civil española.** En una enciclopedia, busque informes sobre la Guerra civil española. Escriba a lo menos dos párrafos sobre esta guerra fratricida.

____

____

____

____

____

____

____

____

____

____

____

____

____

____

____

Nombre ______________________ Fecha ______________

C **Comidas y bebidas.** Lea de nuevo el trozo "Comidas y bebidas". Escriba una lista de todos los alimentos mencionados en la lectura. Divídalos en carnes, vegetales, hierbas y condimentos.

____

____

____

____

____

____

____

____

D **Algunas costumbres.** Escriba a lo menos cuatro costumbres españolas mencionadas en la lectura.

____

____

____

____

____

____

____

____

____

____

Nombre ________________________________ Fecha ____________________

UN POCO MÁS

A **Titulares.** Lea los siguientes titulares de varios periódicos hispanos.

a

Subirán las gasolinas por la devaluación de la peseta

b

Los trabajadores del metro de Barcelona ratifican la huelga de hoy

c

Largas demoras en los talleres mecánicos para aceptar la reparación de automóviles

Escaso servicio para más coches y cada día más viejos

d

Anulada la huelga del servicio de basura ante la presión municipal

e

La vuelta al «cole» atascó la ciudad

La autopista M-30 estuvo colapsada dos horas y media más de lo habitual

B **¿Qué significa?** Emparee el titular con la información que provee.

1. ________ Expect long waits if you take your car to be fixed.
2. ________ Gas prices are going up.
3. ________ Subway workers are going to be on strike.
4. ________ Back-to-school day created havoc with the traffic.
5. ________ The sanitation workers cancelled their threat to strike.

Nombre ______________________ Fecha ______________

C **Un anuncio.** Una tarea diaria importantísima en casi todas las culturas es la compra de los comestibles. Lea el siguiente anuncio que apareció en un periódico español.

Detergente **ARIEL**, 5 kgs. **695**

Aceite de oliva **LA MASIA**, 1º, 1 l. **285**

Café soluble **NESCAFE**, natural **495**

Foie-grás **APIS**, lata 115 grs. **25**

Mayonesa **YBARRA**, 450 grs. . **148**

Chocolate **MILKA** **85**

Lata de **COCA-COLA** . . **33**

ESTE COCHE PUEDE SER SUYO

Por cada 3.000 Ptas. de compra además de una participación para el sorteo del coche, puede encontrar valiosos regalos en los sobres sorpresa.

205

CONTINENTE

Nombre ______________________ Fecha ______________

D **El supermercado.** Conteste brevemente en español según el anuncio.

1. ¿Cuál es la marca de la mayonesa? ______________________
2. ¿Qué es Ariel? ______________________
3. ¿Cuanto foie-grás contiene una lata? ______________________
4. ¿Cuál es la marca del aceite de oliva? ______________________
5. ¿Cuánto cuesta una lata de Coca-Cola? ______________________

E **Este coche puede ser suyo.** Explique en inglés por qué hay un dibujo de un coche en el anuncio de Continente.

____

____

____

____

____

____

Nombre ______________________ Fecha ______________

 **Un anuncio.** Lea el siguiente artículo que apareció recientemente en el periódico *El País* de Madrid.

Vigilantes contra los 'novillos'

Guardias urbanos impedirán el absentismo escolar en un distrito de Barcelona

CARLES COLS

El consejo del distrito de Ciutat Vella de Barcelona ha iniciado este curso la aplicación de un programa municipal destinado a evitar el absentismo escolar, mediante la coordinación de la Guardia Urbana con unos equipos de trabajo que pueda atender particularmente a cada uno de los niños que *hacen novillos*. El proyecto, único en España por sus características, incluye desde la detección de los niños por parte de los agentes hasta su reinserción en la vida escolar después de haber analizado el motivo que propició el absentismo. Uno de los ejes básicos del plan se resume en el principio: es mejor una escuela mala, que ninguna escuela.

Según los responsables del programa, uno de las peores consecuencias del absentismo escolar es que los estudiantes pasan en la calle la mayor parte de las horas que deberían ser lectivas. En el caso de Ciutat Vella este hecho es especialmente preocupante ya que las calles de este distrito del centro de Barcelona son una *escuela de la vida* que enseña lo que es la delincuencia, el tráfico de drogas y la prostitución.

No existen datos comparativos sobre cual es el porcentaje de absentismo de los cuatro barrios que componen el distrito (Barceloneta, Casc Antic, Gòtic y Raval) en relación al resto de la ciudad, pero el hecho que preocupa a los responsables políticos de Ciutat Vella no es la cantidad de niños que no van a clase sino que en estos cuatro barrios, por sus especiales características, no ir a la escuela puede impedir salir de la marginalidad.

La participación de la Guardia Urbana en el programa no se limita a la simple *detención* de los absentistas. Durante las primeras semanas de aplicación del plan todos los agentes del distrito participarán en la localización de niños de entre seis y 14 años de edad que no estén en las escuelas en horas de clase. Sin embargo, progresivamente, está previsto destinar a un número determinado de agentes a este trabajo. Los guardias municipales serán seleccionados en función de su experiencia con niños y de la motivación que puedan tener por problemáticas de la infancia.

Según el responsable de la Guardia Urbana en Ciutat Vella, Xavier Vilaró, la ventaja de destinar a este servicio siempre a los mismos agentes es que, previsiblemente, algunos niños reincidirán en el absentismo.

Notificación oficial

La participación de la Guardia Urbana en el proyecto tiene una doble función, según explica el responsable del área de enseñanza del distrito, Eduard Cabús. Los agentes envían a los padres del niño una notificación en la que se les advierte que su hijo ha incumplido "la obligatoriedad de la enseñanza básica reconocida por la Ley Orgánica del Derecho a la Educación (LODE)" y que por tanto deben dirigirse al Centro de Servicios Personales de su barrio. La notificación acaba advirtiendo que el incumplimiento de la citación "puede provocar la toma de las acciones legales pertinentes".

El hecho de que la Guardia Urbana notifique con esta solemnidad que el niño estuviera en la calle en horas de clase persigue, según Cabús, forzar a los padres a ponerse en contacto con los educadores, objetivo que a menudo no se consigue si es la escuela quien informa sobre el absentismo del estudiante.

Existe una experiencia previa en este sentido que intentó llevarse a cabo en Santa Coloma de Gramanet, una localidad del extrarradio de Barcelona. En aquella ocasión, la Guardia Urbana podía multar a los niños que no fueran a la escuela.

El objetivo en este caso era el mismo: que los padres se pusieran en contacto con los profesores del niño y que tomaran interés por el problema.

Las competencias de los ayuntamientos en materia educativa incluye, entre otras, la vigilancia del cumplimiento de la escolarización obligatoria. Este punto está recogido en la Ley Reguladora de las Bases de Régimen Local. Pero ya anteriormente, una ley de 1955, actualmente derogada, afirmaba que los alcaldes "tenían que velar por el cumplimiento de la obligatoriedad escolar y que podían sancionar con multas, en la cantidad autorizada, la falta de asistencia a las escuelas". En Ciutat Vella, el programa prevé el tratamiento especializado de cada uno de los casos de absentismo.

La primera intervención que realiza el Equipo de Absentismo cuando los agentes le entregan un niño es comprobar si éste está matriculado en alguna escuela y, en el caso de que no sea así, inscribirle en el centro público que esté más cercano a su domicilio. Posteriormente estudiará el motivo por el que el niño no estaba matriculado y, suponiendo que sea por falta de recursos económicos de los padres, la asistente social del equipo se encargará de solucionar el problema.

Los Equipos de Absentismo están compuestos por: un asistente social, un psicólogo y un *educador de calle*. Este último es el encargado de facilitar la utilización por parte del niño de los espacios de ocio de que dispone el distrito, como los centros deportivos y las ludotecas.

Diagnóstico

Después de entrevistar al niño, el equipo realiza un diagnóstico sobre cuáles son las causas que han provocado el absentismo. Si el estudiante no va a clase por falta de recursos materiales, el responsable de su seguimiento es el asistente social. Suponiendo que el absentismo esté motivado por algún problema que el niño tenga con sus compañeros de clase, el encargado de analizar su caso es el *educador de calle*. Si el problema es de tipo familiar o de relación con los profesores, el responsable será el psicólogo.

Uno de los objetivos del programa es realizar una ficha técnica que permita conocer cuál es la situación real del absentismo en Ciutat Vella. Pero según los responsables del programa, la labor del distrito se limita sólo a evitar el absentismo y no a la lucha contra el fracaso escolar, ya que ocurre en el interior de las escuelas y es responsabilidad de la administración autonómica. Este hecho aconseja, explica uno de los autores del proyecto, la necesidad de coordinar el trabajo realizado desde el consejo de Ciutat Vella con el de otras instituciones con competencias relacionadas con el tema. Así, no se descarta que en el futuro el plan de lucha contra el absentismo se extienda al resto de Barcelona, ya que una de las dificultades con las que choca el programa es que en algunas ocasiones los niños localizados por la Guardia Urbana están escolarizados en otros distritos.

Nombre ______________________ Fecha ______________

G **Un resumen.** Escriba un resumen corto del artículo en inglés.

____

____

____

____

____

____

H **¿Cómo se dice?** Busque en el artículo la expresión equivalente en español.

1. work teams ______________________
2. to play hooky ______________________
3. school hours ______________________
4. social worker ______________________
5. scholastic failure ______________________
6. recreation areas ______________________

I **Preguntas.** Conteste en inglés.

1. What is one of the worst consequences of school absenteeism or truancy?

____

2. In the beginning stages of the program, what will most of the participating officers do?

____

3. How will the parents be notified and what must they do?

____

4. Who will make up the "truancy teams?"

____

5. What will the team prepare after interviewing the truant student?

____

6. What student will work with a social worker? With a "street teacher?" With a psychologist?

____

Nombre ______________________ Fecha ______________

J **Una comida favorita.** Lea la siguiente receta.

Gazpacho

una barra de 1/2 kg de pan
1/4 de kilo de tomates
una cebolla grande
un par de dientes de ajo
un pepino de tamaño corriente
aceite, vinagre, agua necesaria para cinco personas
pepino en cuadraditos menudos
pimiento verde en cuadraditos también

Se pone en remojo el pan durante tres horas. Cuando esté bien empapado se desmenuza y se junta con los tomates, la cebolla, ajo y pepino. Todos estos ingredientes se machacan en el mortero y se pasan después por el prensapurés. Se añade aceite y se remueve como para la salsa mayonesa, teniendo cuidado de que no se corte; después se añade vinagre, se sigue removiendo y se deja reposar una hora. Luego se añade el agua necesaria para el número de personas dado.

Se sirve con cuadraditos de pepino y pimiento verde.

K **¿Sabe prepararlo?** Conteste según la receta.

1. ¿Para qué es la receta? ______________
2. ¿Qué ingredientes lleva? ______________
3. Después de hacer el puré, ¿por cuánto tiempo se deja reposar? ______________
4. Y después, ¿qué se añade? ______________

L **¿Cómo se dice?** Busque una expresión equivalente en español en la receta.

1. to soak ______________
2. a loaf (of bread) ______________
3. a clove of garlic ______________
4. regular size ______________
5. to combine with ______________
6. to mash ______________
7. to stir (up) ______________

Nombre ______________________ Fecha ______________

PASATIEMPOS

CULTURA

EL TIEMPO LIBRE

Vocabulario

A **¿Qué es o quién es?** Identifique.

1. ______________________

2. ______________________

3. ______________________

4. ______________________

5. ______________________

6. ______________________

Nombre ______________________ Fecha ______________

B **Sinónimos.** Exprese de otra manera.

1. *Los jóvenes* van a tomar parte en el desfile.

____

2. Las fiestas en honor del santo patrón van a *terminar* el sábado.

____

3. Éste es un lugar muy *quieto.*

____

C **Lo contrario.** Paree.

1. ______ tranquilo — a. la joven, la moza
2. ______ el varón — b. empezar
3. ______ el mozo — c. turbulento, agitado, revuelto
4. ______ el danzarín — d. la vaca
5. ______ el toro — e. la hembra
6. ______ la acera — f. la calle
7. ______ acabar — g. el cantante

Comprensión

D **Un poco de descanso.** Explique en español.

1. ¿En qué piensa el anglosajón cuando dice "weekend"?

____

2. ¿Por qué es relativamente reciente el concepto del fin de semana en las culturas hispanas?

____

3. ¿Qué significa "la semana inglesa"?

____

4. Si el trabajador hispano no tiene sus dos días feriados cada semana, ¿cómo consigue sus días libres?

____

Nombre ______________________ Fecha ______________

E **¿Qué fiesta es?** Identifíque.

1. Los madrileños desfilan por las calles con una imagen de su santo patrón.

   ____

2. Los mozos andan por las calles vestidos de blanco llevando una faja roja y una boina roja.

   ____

3. Tiene lugar en Pamplona el siete de julio. ______________________________

4. Grupos de danzarines y músicos disfrazados llevando máscaras y caretas desfilan por las calles. ______________________________

F **Una fiesta imaginaria.** Describa una fiesta que a Ud. le gustaría celebrar. Use su imaginación.

____

____

____

____

____

____

____

____

____

____

____

Nombre ____________________ Fecha ____________________

CONVERSACIÓN

EL TEATRO

Vocabulario

A **¿Qué es?** Identifique.

1. ____________________
2. ____________________
3. ____________________
4. ____________________
5. ____________________
6. ____________________

Nombre ______________________ Fecha ______________

Comprensión

B **Un teatro o un cine.** Describa un teatro o un cine cerca de donde Ud. vive.

____

____

____

____

____

____

____

____

____

C **Un filme que he visto.** Escriba un resumen de un filme que Ud. ha visto recientemente.

____

____

____

____

____

____

____

____

____

Nombre ______________________ Fecha ______________

LENGUAJE

A **Gustos personales.** Prepare una lista de cinco cosas que a Ud. le gustan. Explique por qué le gustan.

1. ______________________
2. ______________________
3. ______________________
4. ______________________
5. ______________________

B **Intereses personales.** Prepare una lista de cinco cosas que a Ud. le interesan. Explique por qué le interesan.

1. ______________________
2. ______________________
3. ______________________
4. ______________________
5. ______________________

C **Desagrados.** Prepare una lista de cinco cosas que a Ud. no le gustan—que no le agradan. Explique por qué no le gustan.

1. ______________________
2. ______________________
3. ______________________
4. ______________________
5. ______________________

Nombre ______________________ Fecha ______________

D **Unos cursos aburridos.** Indique los cursos que Ud. encuentra aburridos, sin interés. Exlique por qué le dejan frío(a).

Nombre ______________________ Fecha ______________

ESTRUCTURA I

Verbos especiales con complemento indirecto

A **Reacciones.** Exprese las siguientes ideas en español.

1. That *(Eso)* really bothers me.

____

2. It surprises me.

____

3. It scares me.

____

4. It makes me angry.

____

B **Un episodio ficticio.** ¿Qué pasó en el Ejercicio A? Use su imaginación.

____

____

____

____

____

____

____

C **Personalmente.** Complete.

1. Él me enfurece porque ______________________.
2. Él me enoja porque ______________________.
3. Él me sorprendió porque ______________________.
4. Él me asustó porque ______________________.

Nombre ______________________ Fecha ______________

Los verbos gustar *y* faltar

D **Preferencias.** Escriba cada oración cambiando el verbo *preferir* en *gustar más.*

1. Prefiero los tostones.

____

2. Juan prefiere los tacos.

____

3. ¿Prefieres un buen lechón asado?

____

4. Preferimos los frijoles.

____

5. Preferimos la comida mexicana.

____

6. Las muchachas prefieren la paella.

____

7. ¿Prefieren Uds. la carne de res?

____

E **Necesidades.** Escriba cada oración cambiando el verbo *necesitar* en *faltar.*

1. Necesito tiempo.

____

2. ¿Necesitas dinero?

____

3. Ellos necesitan cambio.

____

4. Necesitamos unos días de descanso.

____

Nombre ____________________ Fecha ____________________

Ser y estar

F **¿Ser o estar?** Complete con la forma apropiada de *ser* o *estar*.

1. ¿De dónde ______________ yo? Yo ______________ de ______________.
2. Mi padre ______________ de ______________.
3. Mi madre ______________ de ______________.
4. Ahora nosotros ______________ en ______________.
5. Nuestra casa ______________ en la calle ______________.
6. La calle ______________ en ______________.
7. La calle ______________ ancha.
8. Nuestra casa ______________ pequeña.
9. Las flores que ______________ en la mesa ______________ de nuestro jardín.
10. Las flores ______________ amarillas y rojas.

G **¡Pobre Joselito!** Escoja.

1. Joselito ________ cansado.
   a. está **b.** es
2. No se siente bien. ________ enfermo.
   a. Está **b.** Es
3. Él ________ en el hospital.
   a. está **b.** es
4. El enfermero que lo cuida ________ muy simpático.
   a. está **b.** es
5. Él ________ bastante joven.
   a. está **b.** es
6. Siempre ________ de buen humor.
   a. está **b.** es
7. Siempre tiene una sonrisa. Nunca ________ triste.
   a. está **b.** es
8. Su personalidad ________ muy agradable.
   a. está **b.** es

H **Lloret de Mar.** Complete con la forma apropiada de *ser* o *estar*.

1. Lloret de Mar ____________ en la costa de España, en Cataluña.
2. La playa de Lloret de Mar ____________ muy bonita.
3. Anita y Carlos ____________ muy contentos.
4. Ellos ____________ de Madrid pero ahora ____________ en Lloret de Mar donde están pasando sus vacaciones.
5. Ellos ____________ de camping.
6. Ellos tienen un montón de amigos que ____________ de todas partes de Europa.
7. Tienen una tienda de campaña que no ____________ muy grande.
8. Hay un saco para dormir en la tienda y cuando Carlos ____________ cansado, él echa una siesta.

El imperativo

I **¿Qué debo hacer para llegar al centro?** Complete con el imperativo de los verbos. Use la forma de *Ud.*

1. ____________ Ud. la avenida Dos de Mayo. (tomar)
2. ____________ Ud. derecho cinco cuadras. (seguir)
3. Luego ____________ Ud. a la derecha en la calle Silva. (doblar)
4. ____________ Ud. unos cien metros y ____________ a la derecha donde queda la iglesia. (seguir, doblar)
5. ____________ derecho hasta llegar a la estatua del emperador. (continuar)
6. Al llegar a la estatua ____________ Ud. a la izquierda en la calle Mayor. (doblar)
7. ____________ Ud. derecho hasta llegar al centro. (seguir)

J **¿Cómo debo ir a San Rafael?** Complete con el imperativo de los verbos. Use la forma de *Ud.*

1. ____________ Ud. la carretera nacional número dos. (tomar)
2. ____________ hasta la autopista. (ir)
3. ____________ Ud. en la autopista. (entrar)
4. ____________ Ud. el segundo peaje. (pagar)
5. Luego ____________ en el carril derecho. (quedarse)
6. ____________ Ud. de la autopista en la salida 97. Es la primera salida después de la garita de peaje. (salir)
7. ____________ Ud. al final. (ir)
8. Al llegar al semáforo ____________ a la izquierda. (doblar)
9. ____________ Ud. derecho hasta llegar a San Rafael. Es muy fácil y verá Ud. muchos rótulos que le indicarán la dirección a San Rafael. (seguir)

Nombre ______________________ Fecha ______________

K **Direcciones a mi casa.** Escríbale a un(a) conocido(a) dándole direcciones a su casa desde la salida de la carretera más cercana. Use la forma de *Ud.*

____

____

____

____

L **Una receta para arroz con habichuelas.** Complete con el imperativo de los verbos. Use la forma de *Ud.*

1. ________________ Ud. una lata de habichuelas negras. (abrir)
2. ________________ las habichuelas en una cacerola. (poner)
3. ________________ una cucharadita de vinagre en la cacerola. (echar)
4. ________________ las habichuelas a fuego lento. (cocinar)
5. Aparte, ________________ una cacerola de agua. (llenar)
6. ________________ el agua. (hervir)
7. ________________ una taza de arroz en el agua hirviente. (poner)
8. ________________ el agua a la ebullición una vez más. (llevar)
9. ________________ sal y pimienta a su gusto. (añadir)
10. ________________ el fuego. (bajar)
11. ________________ el arroz a fuego lento hasta que esté listo. (cocer)
12. ________________ el arroz con las habichuelas. (servir)
13. ________________ o ________________ en pedazos una cebolla. (tajar, cortar)
14. ________________ las cebollas tajadas encima del arroz y habichuelas. (poner)

M **Lo que tú debes hacer para llegar al centro.** Complete con el imperativo de los verbos. Use la forma de *tú.*

1. ________________ (tú) la avenida Dos de Mayo. (tomar)
2. ________________ derecho cinco cuadras. (seguir)
3. Luego ________________ a la derecha en la calle Silva. (doblar)
4. ________________ unos cien metros y ________________ a la derecha donde queda la iglesia. (seguir, doblar)
5. ________________ derecho hasta llegar a la estatua del emperador. (continuar)
6. Al llegar a la estatua ________________ a la izquierda en la calle Mayor. (doblar)
7. ________________ derecho hasta llegar al centro. (seguir)

Nombre ______________________ Fecha ______________

N **¿Cómo debes ir a San Rafael?** Complete con el imperativo de los verbos. Use la forma de *tú*.

1. ______________ la carretera nacional número dos. (tomar)
2. ______________ hasta la autopista. (ir)
3. ______________ en la autopista. (entrar)
4. ______________ el segundo peaje. (pagar)
5. Luego ______________ en el carril derecho. (quedarse)
6. ______________ de la autopista en la salida 97. Es la primera salida después de la garita de peaje. (salir)
7. ______________ al final. (ir)
8. Al llegar al semáforo ______________ a la izquierda. (doblar)
9. ______________ derecho hasta llegar a San Rafael. Es muy fácil y verás muchos rótulos que te indicarán la dirección a San Rafael. (seguir)

O **Direcciones a mi casa.** Escríbale a un(a) amigo(a) dándole direcciones a su casa desde la salida de la carretera más cercana. Use la forma de *tú*.

____

____

____

P **Una receta para *arroz con habichuelas*.** Complete con el imperativo de los verbos. Use la forma de *tú*.

1. ______________ una lata de habichuelas negras. (abrir)
2. ______________ las habichuelas en una cacerola. (poner)
3. ______________ una cucharadita de vinagre en la cacerola. (echar)
4. ______________ las habichuelas a fuego lento. (cocinar)
5. Aparte, ______________ una cacerola de agua. (llenar)
6. ______________ el agua. (hervir)
7. ______________ una taza de arroz en el agua hirviente. (poner)
8. ______________ el agua a la ebullición una vez más. (llevar)
9. ______________ sal y pimienta a tu gusto. (añadir)
10. ______________ el fuego. (bajar)
11. ______________ el arroz a fuego lento hasta que esté listo. (cocer)
12. ______________ el arroz con las habichuelas. (servir)
13. ______________ o ______________ en pedazos una cebolla. (tajar, cortar)
14. ______________ las cebollas tajadas encima del arroz y habichuelas. (poner)

Nombre ______________________ Fecha ______________

Q **¿Qué debes hacer?** Complete con el imperativo de los verbos. Use la forma de *tú*.

1. ______________ la verdad. (decir)

   No ______________ mentiras. (decir)

2. ______________ bueno(a). (ser)

   No ______________ malo(a). (ser)

3. ______________ ahora. (salir)

   No ______________. (esperar)

4. ______________ despacio. (ir)

   No ______________ rápido. (ir)

5. ______________ cuidado. (tener)

   No ______________ apresurado(a). (estar)

6. ______________ legumbres. (comer)

   No ______________ dulces. (comer)

Nombre ______________________ Fecha ______________

PERIODISMO

EL WIND SURF: *Wind surf: agua, aire ¡y diversión!*

Vocabulario

A **El cuerpo.** Identifique.

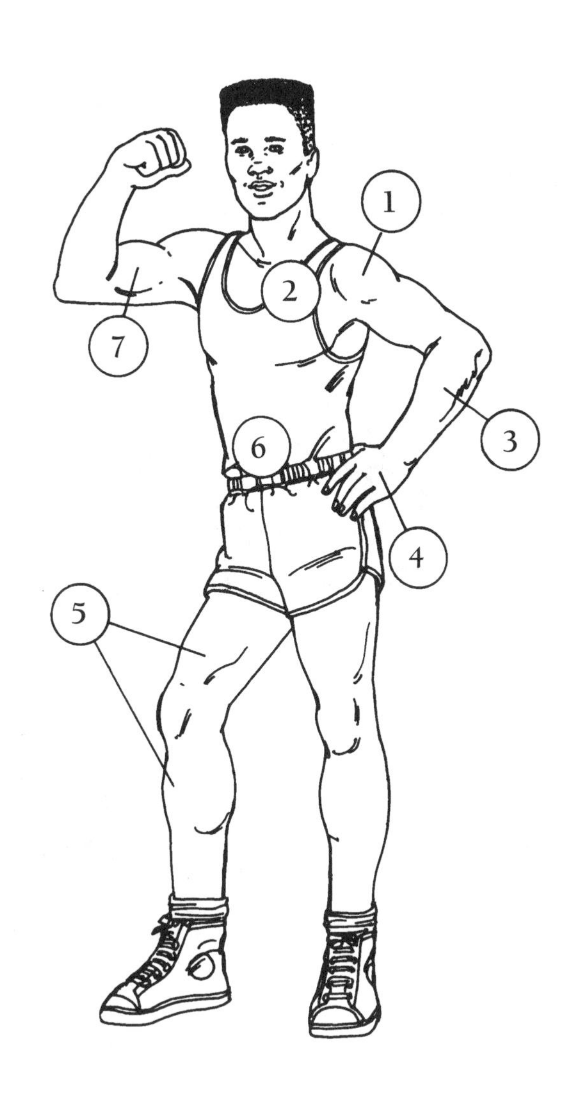

1. ______________________
2. ______________________
3. ______________________
4. ______________________
5. ______________________
6. ______________________
7. ______________________

Nombre ______________________ Fecha ______________

B **¿Qué están haciendo?** Paree el dibujo con la frase que lo describe.

a

b

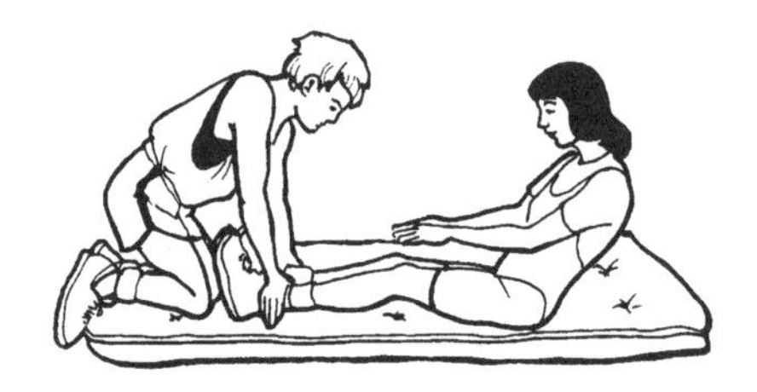

c

d

e

1. ______ Las jóvenes están haciendo sentadillas.
2. ______ Las atletas están haciendo estiramientos.
3. ______ Los jóvenes están dando saltos.
4. ______ Los ligeros están boxeando.
5. ______ Los pesados están boxeando.

Nombre ______________________ Fecha ______________

C **El wind surf.** Describa el dibujo.

____

____

____

____

Comprensión

D **Sinónimos.** Exprese de otra manera.

1. Te *gusta mucho* pasártela súper con *tus amigos.*

____

2. Poco a poco el wind surf ha ido *capturando más y más popularidad* en México.

____

3. El wind surf se ha estado poniendo *muy popular.*

____

4. Con el wind surf tienes que *saber más cosas* porque *a cada momento* andas en el aire dando *saltos* como para dejar a todo el mundo *con la boca abierta.*

____

____

5. *No te olvides* que nadie nace siendo *el número uno* en ningún deporte.

____

Nombre ______________________ Fecha ______________

E **El verano.** Escriba un párrafo sobre las actividades de verano que a Ud. le gustan.

Nombre ______________________ Fecha ______________

ESTRUCTURA II

Hace *y* hacía

A **Detalles históricos.** Conteste según se indica.

1. ¿Hace cuántos años que Puerto Rico está asociado con los Estados Unidos? (1898)

   ____

2. ¿Hace cuántos años que la Argentina tiene su independencia de España? (1810)

   ____

3. ¿Hace cuántos años que España tiene una forma democrática de gobierno? (1975)

   ____

4. ¿Hace cuántos años que los Estados Unidos tiene su independencia de Inglaterra? (1776)

   ____

5. ¿Cuánto tiempo hace que la Estatua de la Libertad guarda la bahía de Nueva York? (1886)

   ____

B **Mi rutina.** Piense en algunas cosas que Ud. hace diariamente. Indique cuánto tiempo hace que Ud. hace la misma actividad.

1. ______________________________
2. ______________________________
3. ______________________________
4. ______________________________
5. ______________________________
6. ______________________________
7. ______________________________
8. ______________________________

C **La historia contemporánea de España.** Conteste según se indica.

1. ¿Hacía cuántos años que el general Franco gobernaba en España cuando él murió? (1939–1975)

____

____

2. ¿Hacía cuántos años que existía la Segunda República en España cuando empezó la Guerra civil? (1931–1936)

____

____

3. ¿Hacía cuántos años que españoles luchaban contra españoles cuando terminó la fratricida Guerra civil? (1936–1939)

____

____

4. ¿Hacía cuántos años que había una dictadura en España antes de que el rey don Juan Carlos estableciera una monarquía constitucional? (1939–1975)

____

____

Acabar de

D **¿Qué acabas de hacer?** Escriba cada oración según el modelo.

He visto a Juan.
Acabo de ver a Juan.

1. He llamado a María.

____

2. Hemos visto la película.

____

3. Ellos han hecho el viaje.

____

4. Has terminado.

____

El imperfecto del subjuntivo

E **Ayer yo quería que mis amigos...** ¿Cuáles son cinco cosas que Ud. quería que sus amigos hicieran ayer?

1. ______________________
2. ______________________
3. ______________________
4. ______________________
5. ______________________

F **Mis padres querían que yo...** ¿Cuáles son cinco cosas que sus padres querían que Ud. hiciera?

1. ______________________
2. ______________________
3. ______________________
4. ______________________
5. ______________________

Los usos del imperfecto del subjuntivo

G **¿Insistir o preferir?** Complete.

El profesor insistió en que yo...

1. ______________________
2. ______________________
3. ______________________

Él preferiría que nosotros...

4. ______________________
5. ______________________
6. ______________________

Nombre ______________________ Fecha ______________

H **Cosas personales.** Complete.

1. Sería fácil que yo maneje ala tienda.
2. Pero sería difícil que yo camine a México.

I **Es prohibido.** Complete según el dibujo. Use el verbo *fumar.*

1. El señor les pidió que ______________________.
2. Mamá me aconsejó que ______________________.
3. El profesor nos recomendó que ______________________.
4. El médico te exigió que ______________________.

J **Una conversación íntima.** Complete la conversación entre Ud. y un(a) buen(a) amigo(a).

—Estaría contento(a) con que tú ______________________

______________________.

—Pero estaría triste con que tú ______________________

______________________.

—Francamente me sorprendería que tú ______________________

______________________.

—Me gustaría que tú ______________________

______________________.

—A mi parecer, sería una lástima que tú ______________________

______________________.

Nombre ______________________ Fecha ______________

El subjuntivo en cláusulas relativas

K **Un anuncio clasificado.** Lea el siguiente anuncio.

L **¿Qué busca la compañía?** Complete lo siguiente en sus propias palabras.

Una gran compañía busca ______________________

____

____

____

____

M **Conozco a alguien.** ¿Tiene Ud. un(a) amigo(a) que debe solicitar este empleo? Describa a esta persona.

____

____

____

____

____

N **¡Qué puesto!** Dé una descripción del puesto en el anuncio. Use su imaginación.

____

____

____

____

____

Nombre ______________________________ Fecha ____________________

LITERATURA

EL TANGO: *Adiós muchachos*

Vocabulario

A **Sinónimos.** Exprese de otra manera.

1. Él tiene *muy buenas memorias* de todos sus amigos.

   ____

2. Nunca *se distanció de* sus amigos.

   ____

3. Él siempre *venía* cuando sus amigos lo necesitaban.

   ____

4. Él *gozaba de* sus amigos y los *adoraba.*

   ____

Comprensión

B **El tango argentino.** Conteste.

1. ¿Cómo qué empezó el tango?

   ____

2. ¿Cuándo empezó el tango?

   ____

3. ¿Dónde se originó?

   ____

4. ¿Quiénes bailaban el tango al principio?

   ____

5. ¿Por qué tenía mala reputación?

   ____

6. ¿Cuándo pasó a formar parte de la pareja la mujer?

   ____

7. ¿Cuáles son algunos instrumentos musicales que se usan para tocar el tango?

____

8. ¿Hasta cuándo siguió siendo el tango una diversión de los pobres?

____

9. Y luego, ¿qué pasó?

____

MI ADORADO JUAN

Vocabulario

A **Sinónimos.** Exprese de otra manera.

1. Ese *perezoso* no hace nada.

____

2. Él estará *de regreso* mañana.

____

3. Ellos *andan* por aquí.

____

4. Él no tiene *ninguna profesión.*

____

5. ¿Quieres dejarle *un mensaje?*

____

6. *Los otros se van* también.

____

7. Él me *enfada,* ese tío.

____

8. Te *pido* que no hagas nada.

____

Nombre ______________________ Fecha ______________

B **Palabras relacionadas.** Paree.

1. ______	prohibir	**a.**	la disposición
2. ______	aparecer	**b.**	el regreso
3. ______	disponer	**c.**	la ofensa
4. ______	volver	**d.**	la prohibición
5. ______	regresar	**e.**	la obligación
6. ______	obligar	**f.**	la vuelta
7. ______	ofender	**g.**	la aparición
8. ______	casar	**h.**	el casamiento

Comprensión

C **¿Cómo es Irene?** Describa a Irene, la protagonista de la comedia *Mi adorado Juan*.

____

____

____

____

D **El padre de Irene.** En sus propias palabras, explique por qué el padre de Irene está enojado con ella.

____

____

____

____

E **¿Qué cree Ud.?** ¿Cree Ud. que el padre de Irene tiene derecho de estar enojado con ella o es Irene la que debe estar enojada con su padre? Defienda sus opiniones.

____

____

____

____

____

UN POCO MÁS

A **Los astros.** Lea lo siguiente sobre la astrología y el horóscopo.

Los antiguos griegos y romanos consultaban los astros[1] antes de hacer cualquier cosa de importancia. Los emperadores y reyes tenían sus propios astrólogos.

Hoy día son muy pocas las personas que toman en serio la astrología, pero son muchas las que se entretienen leyendo los horóscopos.

Son doce los signos del zodíaco. Los aficionados a la astrología creen que las personas que nacen bajo cierto signo del zodíaco manifiestan las características o los rasgos que van con ese signo.

Los horóscopos son tan populares en los países de habla española como en los países de habla inglesa. Las dos selecciones que siguen son horóscopos. La primera viene de *Garbo,* una revista para mujeres. La segunda selección es un típico horóscopo de los diarios, tomado del *Diario de Cádiz.*

Los signos de la primavera

ARIES

Principales rasgos de los Aries

Los Aries son vivos, rápidos, francos, directos, exclusivos, entusiastas, dinámicos, voluntariosos, apasionados, generosos. Igual que pueden tener estas cualidades también les pueden faltar otras: no tener tacto, dulzura,[2] ser ruidosos,[3] inquietos,[4] pesados, impacientes, agresivos e intolerantes.

TAURO

Principales rasgos de los Tauro

Los Tauro son personas estables, concentradas, regulares, pacientes, resistentes, tenaces,[5] prudentes. Aman el confort y les gustan la naturaleza, los animales y las plantas. En cuanto a aspectos negativos son: celosos,[6] posesivos, pesimistas, taciturnos,[7] misántropos.

GÉMINIS

Principales rasgos de los Géminis

Signo de movilidad. La excitabilidad de la primavera se manifiesta en ellos por una disponibilidad y una curiosidad incesantes por todo lo que el mundo exterior les pueda ofrecer de divertido, insólito[8] y nuevo. Los Géminis tienen cualidades como: brío,[9] improvisación fantasiosa, de juventud, de receptividad, de vivacidad. Como puntos negativos: impacientes, infieles,[10] en ocasiones mentirosos y les falta constancia, en cuanto a profundizar en las cosas.

[1]**astros** *stars* [2]**dulzura** *sweetness* [3]**ruidosos** *noisy* [4]**inquietos** *restless*
[5]**tenaces** *tenacious* [6]**celosos** *jealous* [7]**taciturnos** *quiet* [8]**insólito** *unusual*
[9]**brío** *vigor, charm* [10]**infieles** *unfaithful*

Nombre ______________________ Fecha ______________

Los signos del verano

CÁNCER

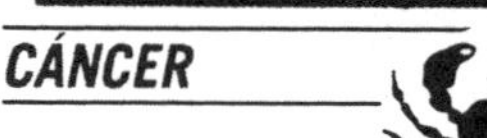

Principales rasgos de los Cáncer

Son particularmente muy maternales, casi infantiles. Tienen necesidad de que los protejan o estar protegidos. Son gentiles, calmados, delicados, modestos, fieles, prudentes, pacientes, tenaces y organizados. Como puntos negativos: pasivos, dependientes, propensos[11] a la comida o bien a la anorexia.

LEO

Principales rasgos de los Leo

Son particularmente elegantes, brillantes, parece que los otros tengan que alabarlos[12] a su alrededor. Son ambiciosos, competitivos, autoritarios, idealistas, generosos, apasionados y fieles. En contra son: orgullosos,[13] susceptibles, faltos de tacto, de delicadeza, dogmáticos.

VIRGO

Principales rasgos de los Virgo

Algunos Virgo son frágiles y por ello deben seguir regímenes a causa de sus problemas con el intestino. Tienen miedo de todo. Como aspectos positivos, este miedo hace de ellos personas vigilantes, minuciosas, ordenadas, metódicas, perfeccionistas, pacifistas, púdicas,[14] discretas. Como puntos negativos: excesivo control de su propia vida y miedo a lo desconocido.[15]

Los signos del otoño

LIBRA

Principales rasgos de los Libra

En los Libra su cortesía hacia los demás, su tacto con ellos, su humor y su cooperación es notable. Se les critica por su indecisión, por su insensibilidad, por su conformismo, por su inconstancia y su distracción.

ESCORPIO

Principales rasgos de los Escorpio

Los Escorpio impresionan por su gran individualismo, su selectividad, su exclusivismo, su intransigencia y su sentido crítico. Se identifican con todo lo referente al plano sociocultural. Intelectualidad.

SAGITARIO

Principales rasgos de los Sagitario

A los Sagitario les gusta salir, así como recibir. Les gusta viajar y estar al corriente de todo. Son queridos por su cariño y son grandes amantes[16] de los viajes.

[11]**propensos** *prone* [12]**alabarlos** *to praise them* [13]**orgullosos** *proud*
[14]**púdicas** *shy, modest* [15]**desconocido** *unknown* [16]**amantes** *lovers*

Nombre ______________________ Fecha ______________

Los signos del invierno

CAPRICORNIO

Principales rasgos de los Capricornio

En general son personas que tienen miedo de sus semejantes. Tienen miedo de ser atropellados[17] así como de que los demás les hagan perder el tiempo. Son queridos por su seriedad, su integridad, su autenticidad y su devoción hacia los demás. Algunas personas encuentran antipáticos a los Capricornio por su monotonía, su sedentarismo y su fanatismo.

ACUARIO

Principales rasgos de los Acuario

Cuando tienen una idea metida en la cabeza pueden llegar, incluso, a no comer ni dormir por ella. Son inventivos, originales, generosos y naturales. Les falta realismo, y una cierta tranquilidad en su vida cotidiana.

PISCIS

Principales rasgos de los Piscis

Son calmados, dulces y comprensivos. Como puntos negativos son pasivos, negligentes e imprecisos. Llegan a desesperar por su mutismo[18] y su indiferencia.

Garbo
Barcelona, España

[17]**atropellados** atacados [18]**mutismo** silencio

B **Preguntas.** Escoja según la información en el horóscopo.

1. ¿Cómo se han clasificado los signos del zodíaco en este artículo?
   a. En orden alfabético. b. Según sus principales rasgos. c. Según las estaciones del año.
2. Las personas que nacen bajo este signo tienden a mostrarse indiferentes y silenciosas. ¿Cuál es su signo?
   a. Piscis b. Leo c. Acuario
3. Según el artículo, ¿quiénes son los que gozan de la vida, de viajar mucho y de visitar y tener visitas?
   a. Los Cáncer b. Los Capricornio c. Los Sagitario

Nombre ______________________________ Fecha ____________________

C Palabras relacionadas. Paree.

1. ______ los Escorpio
2. ______ los Piscis
3. ______ los Sagitario
4. ______ los Acuario
5. ______ los Capricornio

a. tímidos
b. individualistas
c. indiferentes
d. amantes de la vida
e. creativos

D ¿Qué cree Ud.? Conteste.

1. ¿Hay algo de verdad en los horóscopos?

____

2. ¿Cree Ud. que las características de su signo describen su personalidad?

____

3. ¿Conoce Ud. a alguien que tenga las características de su signo? ¿Quién?

____

4. Según los rasgos para cada signo, ¿con quién estaría Ud. a gusto?

____

5. ¿Por qué cree Ud. que tanta gente cree en los horóscopos?

____

Nombre ______________________ Fecha ______________

E **Su propio horóscopo.** Busque su propio horóscopo. Léalo.

Su horóscopo diario

Por Frances Drake

aries
(21 de marzo al 20 de abril)

Las cuestiones familiares deberán tratarse con delicadeza. No crea en propuestas[19] de negocios poco realistas. Ponga toda su atención en sus obligaciones actuales.

tauro
(21 de abril al 20 de mayo)

Alguna faceta de su trabajo podría ser motivo de frustración, aunque se compensará con interesantes conversaciones relacionadas con intereses económicos. Uno de sus amigos exagerará en gran manera.

géminis
(21 de mayo al 21 de junio)

Su panorama profesional se verá afectado por tendencias contrapuestas.[20] Cuide de no dar nada por seguro. Recibirá un consejo muy útil.

cáncer
(22 de junio al 22 de julio)

Explique su situación con claridad a un amigo, que es posible que le preste la ayuda que necesita. Si desea alguna cosa no la pida directamente.

leo
(23 de julio al 23 de agosto)

Buen momento para dar consejos, aunque los demás no estén dispuestos[21] a recibirlos. Ocúpese de sus asuntos y termine su trabajo pendiente. No malgaste su dinero.

virgo
(24 de agosto al 23 de septiembre)

Su amor propio podría verse afectado en el trabajo, pero sus compañeros le respaldarán.[22] Hoy es posible que sufra una grave indecisión.

libra
(24 de septiembre al 23 de octubre)

Aunque un asunto económico presente grandes demoras,[23] se le abrirán otras puertas. Si va de compras escoja cuidadosamente.

escorpio
(24 de octubre al 22 de noviembre)

Tenga mucho cuidado al conducir. Hoy se sentirá tentado de gastar más de lo que debe. Se mostrará convincente en líneas generales, pero acaso parezca un tanto orgulloso y presumido.

sagitario
(23 de noviembre al 21 de diciembre)

Sus primeros intentos[24] de hacer entrar en razón a un familiar pueden no dar resultado, pero debe seguir intentándolo. Recuerde que una sonrisa puede ser mejor que una reprimenda.

capricornio
(22 de diciembre al 20 de enero)

La falta de paciencia puede conducirle con facilidad a resultados que no desea. Cálmese y todo irá mucho mejor. En el horizonte se adivina una relación sentimental.

acuario
(21 de enero al 19 de febrero)

Es posible que no pueda imponer sus opiniones en un asunto profesional. De todos modos si colabora con los demás obtendrá resultados positivos.

piscis
(20 de febrero al 20 de marzo)

Es posible que se sienta oprimido por la sensación de padecer un exceso de autoridad. Acaso no esté de acuerdo con un asunto familiar, pero por lo demás sus relaciones personales con sus íntimos serán satisfactorias.

[19]**propuestas** *propositions* [20]**contrapuestas** *opposite* [21]**dispuestos** *listos*
[22]**respaldarán** *will support* [23]**demoras** *delays* [24]**intentos** *attempts*

Nombre ______________________ Fecha ______________

F **¿Qué se espera?** Escriba en inglés lo que Ud. debe esperar después de leer su horóscopo.

G **El horóscopo.** Imagínese que Ud. trabaja para un periódico. Quieren que Ud. prepare el horóscopo para mañana. Escriba en español el horóscopo para la persona cuyo cumpleaños será mañana.

H **Una feria.** Lea el siguiente anuncio.

Días de Feria

Redacción
DIARIO DE CÁDIZ

El pasado domingo se inauguró la Feria de San Mateo de Villamartín, que se prolongará hasta el próximo jueves, día 24.

Estos festejos mayores ya tuvieron su prolegómeno con la romería en honor de Nuestra Señora de las Montañas, celebrada el día 8, y el IX certamen de bailes regionales, que se desarrolló los días 18 y 19.

El cartel anunciador de la Feria ha sido obra de la pintora local residente en Málaga Charo Galvín Lirio, quien el pasado mes de mayo expuso dentro del programa "Pintores de Villamartín".

El cartel se ha extraído de la obra que regaló al pueblo con motivo de aquella muestra. Se trata de una vista del Villamartín de principios de siglo.

Esta obra, además, ha servido de portada de la revista-libro de Feria que edita todos los años el Ayuntamiento de Villamartín.

I **El cartel anunciador.** Explique en inglés lo más importante del cartel anunciador de esta Feria de San Mateo de Villamartín.

____

____

____

____

____

Nombre ______________________________ Fecha ______________

J **Univisión.** Lea el siguiente anuncio.

EN VIVO

Toda la información nacional e internacional, así como un análisis sobre los eventos más importantes del momento, llega a usted todas las noches en el programa "EN VIVO".

María Elena Salinas y Jorge Ramos nos ofrecen toda su experiencia, con comentarios y sólidas entrevistas que nos ayudan a entender y a profundizar la noticia.

"EN VIVO" de lunes a viernes por su cadena Univisión, Lo Nuestro.

K **Preguntas.** Conteste en inglés según el anuncio.

1. For what type of program is the ad? ______________________
2. What is the name of the program? ______________________
3. What does the program provide? ______________________
4. Who are the anchor people? ______________________

L **Latinos premiados.** Lea el siguiente artículo que apareció en la revista *Más*.

LATINOS PREMIADOS

Si el Premio Nobel de Literatura de 1990 al poeta mexicano Octavio Paz marcó un momento triunfal de las letras latinoamericanas, nuestra literatura en Estados Unidos tampoco se quedó atrás. Un novelista latino, Oscar Hijuelos, ganó el premio más prestigioso del país, el Pulitzer, por su obra *The Mambo Kings Play Songs of Love*, la cual ya se encamina al cine. La novela narra la historia de dos músicos cubanos que emigran a Nueva York durante la fiebre del mambo en los años 40 y describe en detalle la vida de los barrios latinos de esa época.

Los triunfos siguen lloviendo. Dos de los finalistas al igualmente prestigioso National Book Award (Premio Nacional del Libro) fueron hispanos radicados en Estados Unidos.

M **Preguntas.** Conteste en español según el artículo.

1. ¿Quién ganó el Premio Nobel de Literatura en 1990? ______________
2. ¿Qué tipo de escritor es? ______________
3. ¿De dónde es? ______________
4. ¿Quién ganó el Premio Pulitzer? ______________
5. ¿De dónde es? ______________
6. ¿Cuál es el título de la obra que le permitió ganar este prestigioso premio?

   ____
7. ¿Qué narra la novela? ______________
8. ¿Qué significará “la fiebre del mambo”? ______________
9. ¿Qué se va a hacer de la novela? ______________
10. ¿Qué significa la frase “Los triunfos siguen lloviendo”? ______________

Nombre ______________________ Fecha ______________

PASAJES

CULTURA

EVENTOS Y CEREMONIAS

Vocabulario

A **¿Cuál es la palabra?** Dé la palabra apropiada.

1. el marido y la mujer ______________________
2. responsabilizarse ______________________
3. el anuncio hecho por la iglesia con los nombres de los que van a contraer matrimonio ______________________
4. tener un bebé ______________________
5. el nacimiento ______________________
6. poner el cadáver bajo la tierra ______________________
7. el anuncio publicado en el periódico de la muerte de una persona ______________________
8. ser miembro de un grupo ______________________

B **Palabras relacionadas.** Paree.

1. ______	bautizar	**a.**	el entierro
2. ______	parir	**b.**	el cargo
3. ______	cargar	**c.**	la aparición
4. ______	enterrar	**d.**	el bautizo
5. ______	librar	**e.**	el velorio
6. ______	aparecer	**f.**	el parto
7. ______	velar	**g.**	el/la protagonista
8. ______	protagonizar	**h.**	la libertad

Nombre ______________________ Fecha ______________

Comprensión

C **Eventos y ceremonias.** Conteste.

1. ¿De qué habló Shakespeare?

____

2. Después de que nacen los niños, ¿de qué forman parte?

____

3. Después de llegar a la adolescencia, ¿qué aprenden?

____

4. ¿Qué tienen después de casarse?

____

5. Y al final, ¿qué les pasa?

____

6. ¿Qué hay para marcar el paso de la persona por las diferentes etapas de la vida?

____

D **¿Qué es o quién es?** Identifique.

1. el catolicismo, el protestantismo, el judaísmo o el islám

____

2. los primeros americanos, los indios ______________________________
3. la mujer que ayuda a la madre a dar a luz ______________________________
4. las personas nombradas por los padres para asistir al bebé cuando recibe el bautismo

____

5. la fiesta que celebra el pasaje de niña a mujer a los quince años de edad

____

6. la unión de un hombre y una mujer ______________________________
7. el tiempo que pasan juntos los novios después de la boda ______________________________
8. la reunión antes de los funerales de familia y amigos ante la persona muerta ______________

Nombre ____________________ Fecha ____________

CONVERSACIÓN

CEREMONIAS FAMILIARES

Vocabulario

A **Frases originales.** Escriba una frase con cada palabra.

1. el camposanto

   ____

2. la viuda

   ____

3. el entierro

   ____

4. el ramo

   ____

5. la pila

   ____

Comprensión

B **Una ceremonia familiar.** Escriba sobre una ceremonia, por ejemplo, un bautizo, una boda o un entierro, a que Ud. ha asistido.

____

____

____

____

____

____

____

____

____

____

Nombre ______________________ Fecha ______________

LENGUAJE

Unas tarjetas. Ud. le manda una tarjeta a un(a) amigo(a) para los siguientes eventos. Escríbale un mensaje apropiado.

1. Se va a casar.

____

____

____

2. Ha tenido un bebé.

____

____

____

3. Ha recibido su diploma de la universidad.

____

____

____

4. Se le murió el padre.

____

____

____

ESTRUCTURA I

El futuro

Verbos regulares e irregulares

A **¿Qué hará ella?** Escriba en el futuro.

1. Ella va a hacer una llamada.

____

2. La línea va a estar ocupada.

____

3. Sus amigos van a estar hablando.

____

4. Ella va a tener que esperar.

____

5. Ella va a tener que hacer la llamada otra vez.

____

6. Ella va a hacer la llamada por segunda vez.

____

7. Otra vez la línea va a estar ocupada.

____

8. Ella va a salir de la cabina telefónica.

____

9. Ella va a esperar cinco minutos más.

____

10. Luego ella va a perder la paciencia.

____

11. Va a entrar de nuevo en la cabina.

____

12. Va a descolgar el auricular y marcar el número.

____

13. Por fin su amigo va a contestar.

____

14. Ella va a querer saber cuál es el problema.

____

15. Ella se lo va a decir.

____

B **Un viaje en tren.** Complete con el futuro de los verbos.

1. Yo ____________ a la estación de ferrocarril. (llegar)
2. Mis amigos me ____________ esperando allí. (estar)
3. Nosotros ____________ un viaje a la costa de España donde ____________ una temporada en la playa. (hacer, pasar)
4. Mis amigos ____________ que comprar sus billetes en la ventanilla. (tener)
5. Yo ____________ algunos bocadillos que nosotros ____________ durante el viaje en el tren. (llevar, comer)
6. El tren ____________ a las ocho de la mañana y no ____________ hasta las diez de la noche. (salir, llegar)
7. Nosotros ____________ los días en la playa donde ____________ en el mar, ____________ el sol y ____________ las olas. (pasar, nadar, tomar, correr)

Nombre ______________________ Fecha ______________

C **Un viaje a México.** Escriba el párrafo en el futuro.

El año que viene mis padres y yo vamos a hacer un viaje a México. Ellos van a ir en carro pero yo no. Yo no voy a tener bastante tiempo para ir en carro porque voy a tener solamente ocho días de vacaciones. Así que yo voy a hacer el viaje en avión. Mis padres van a salir el quince de abril pero yo no voy a salir hasta el día veinte. Ellos me van a encontrar en la Ciudad de México.

____

____

____

____

____

____

____

____

____

____

El condicional
Formas regulares e irregulares

D **¿Quién lo haría?** Complete con el condicional de los verbos.

1. Yo ______________ la mesa pero no sé dónde están los platos. (poner)
2. Yo te lo ______________ pero no sé los detalles. (decir)
3. Él ______________ en seguida pero no puede porque su hijo tiene el carro. (salir)
4. Ellos lo ______________ pero desgraciadamente tienen que estar en la oficina. (hacer)
5. Yo sabía que tú no ______________ la paciencia que yo tengo. (tener)
6. Ellos ______________ pero no pueden porque su padre está enfermo. (venir)

Nombre ______________________ Fecha ______________

E **Lo haría, pero...** ¿Cuáles son cinco cosas que Ud. haría pero que no puede porque no tiene tiempo?

1. ____

____

2. ____

____

3. ____

____

4. ____

____

5. ____

____

Los pronombres de complemento directo e indirecto

F **Preguntas.** Forme una pregunta y contéstela según el modelo.

conocer / tú / playa / Luquillo
¿Conoces la playa de Luquillo?
Sí, la conozco.

1. mirar / agente / boleto

____

____

2. pasar / ellos / luna de miel / México

____

____

3. dar / Ramón / apuntes / a Ud.

____

____

4. explicar / bien / profesor / lección / a Uds.

____

____

Nombre ______________________ Fecha ______________

PERIODISMO

LA BODA DE CHÁBELI

Vocabulario

A **El traje de novia.** Describa a la novia y lo que ella lleva.

____

____

____

____

____

____

____

____

____

____

____

____

____

____

____

____

B **¿Cuál es la palabra?** Dé la palabra apropiada.

1. un sonido agradable ______________________
2. hecho, fabricado ______________________
3. comprender, consistir en ______________________
4. tener, ser propietario de ______________________
5. una cosa que impide ______________________
6. las arras, los anillos que se intercambian para el matrimonio ______________________
7. dar ayuda el uno al otro ______________________
8. el lugar donde trabaja un artesano ______________________

Nombre ____________________ Fecha ____________

Comprensión

C **Informes.** Busque los siguientes informes en el artículo sobre la boda de Chábeli.

1. por donde viajará la pareja para pasar su luna de miel ____________
2. el número de invitados que asistieron a la boda ____________
3. la fecha de la boda ____________
4. el nombre del padre de la novia ____________
5. el nombre de la madre de la novia ____________
6. la profesión del padre del novio ____________
7. la profesión de la madre del novio ____________
8. la nacionalidad de la madre del novio ____________
9. el pueblo donde tuvo lugar la boda ____________
10. el edificio en el cual tuvo lugar la ceremonia ____________
11. el número de espectadores que se congregaron en los alrededores ____________
12. la hora a que se levantó la novia ____________
13. lo que tomó ella para el desayuno ____________
14. el modista (diseñador) del traje de novia ____________
15. la música que se tocó durante la ceremonia ____________

ANUNCIOS SOCIALES

Vocabulario

A **Frases originales.** Escriba una frase con cada palabra.

1. efectuar

____

2. obsequiar

____

3. llevar a cabo

____

4. el bisnieto

____

5. el heredero

____

Nombre ______________________ Fecha ______________

Comprensión

B **Matrimonio.** Escriba un anuncio sobre el matrimonio de una pareja.

____

____

____

____

____

C **Fallecimiento.** Escriba una esquela sobre el fallecimiento (la muerte) de alguien.

____

____

____

____

____

D **Quinceañera.** Escriba un anuncio sobre una quinceañera de una familia conocida.

____

____

____

____

____

E **Nacimiento.** Escriba un anuncio sobre el nacimiento de un bebé.

____

____

____

____

____

Nombre ______________________ Fecha ______________

ESTRUCTURA II

El subjuntivo en cláusulas adverbiales

A **Un viaje.** Complete.

1. Yo sé que él hará el viaje

   con tal de que ______________________.

   sin que ______________________.

   a menos que ______________________.

2. Yo sabía que él haría el viaje

   con tal de que ______________________.

   sin que ______________________.

   a menos que ______________________.

El subjuntivo con conjunciones de tiempo

B **En cuanto sea posible.** Complete y haga los cambios necesarios.

1. Yo hablaré con Juan tan pronto como él ______________. (llegar)
   Yo hablé ______________________.
2. Él me reconoció en cuanto me ______________. (ver)
   Yo sé que él me reconocerá ______________________.
3. El avión saldrá tan pronto como ______________ a bordo el último pasajero. (estar)
   El avión salió ______________________.
4. Ellos esperaron hasta que ______________ de llover. (dejar)
   Ellos esperarán ______________________.
5. Los veremos cuando ellos ______________ al aeropuerto. (llegar)
   Los vimos cuando ellos ______________________.
6. Él lo sabrá antes de que nosotros lo ______________. (saber)
   Él lo supo ______________________.
7. Ellos saldrán después de que los niños se ______________. (dormir)
   Ellos salieron ______________________.
8. Yo sé que ellos llegaron antes de que los otros ______________. (salir)
   Yo sé que ellos llegarán ______________________.

Nombre ______________________ Fecha ______________

La colocación de los pronombres de complemento con el infinitivo y el gerundio

C **A bordo del avión.** Conteste según el dibujo. Use pronombres en sus respuestas.

1. ¿Quién está saludando a los pasajeros?

____

2. ¿Está dándoles la bienvenida?

____

3. ¿Un pasajero le está mostrando su boleto al asistente de vuelo?

____

4. ¿La asistenta de vuelo les está mostrando sus asientos a los otros pasajeros?

____

5. Durante el vuelo, ¿los asistentes de vuelo van a servirles la comida a los pasajeros?

____

6. ¿Los asistentes de vuelo van a explicarles las reglas de seguridad a los pasajeros?

____

7. ¿Van a explicarles el uso de la máscara de oxígeno?

____

Nombre ______________________ Fecha ______________

Los pronombres de complemento con el imperativo

D **Una llamada telefónica.** Escriba las frases con pronombres.

1. Busque el número en la guía telefónica.

____

2. Descuelgue el auricular.

____

3. Introduzca la moneda en la ranura.

____

4. Marque el número.

____

5. Hable a la secretaria.

____

6. Espere a su amigo.

____

E **Una llamada telefónica.** Escriba las frases con pronombres.

1. No llames a la operadora.

____

2. Marca el número.

____

3. No hagas la llamada de persona a persona.

____

4. Habla a la secretaria si es necesario.

____

5. Dale el mensaje a la secretaria.

____

6. No hables a la secretaria en inglés. Háblale a la secretaria en español.

____

LITERATURA

EL NIÑO AL QUE SE LE MURIÓ EL AMIGO

Vocabulario

A **¿Qué es?** Identifique.

1. ______________________
2. ______________________
3. ______________________

4. ______________________
5. ______________________
6. ______________________

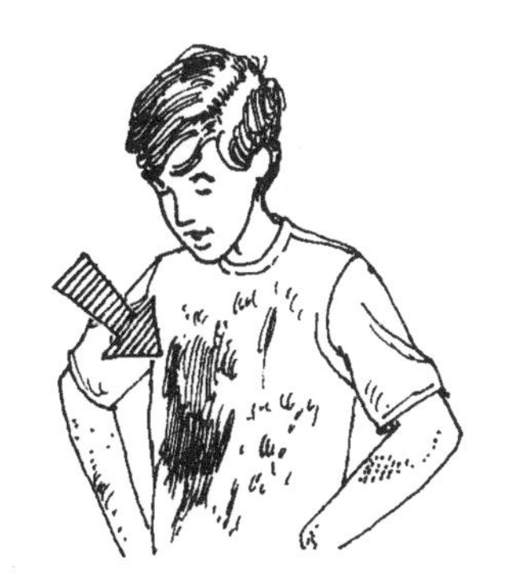

7. ______________________
8. ______________________

Nombre ______________________ Fecha ______________

Comprensión

B **¿Qué significa?** Explique en sus propias palabras el significado de lo siguiente: "Algo ocurre, y de repente, el niño pasa a ser algo más, un ser más consciente, casi una persona mayor".

____

____

____

____

____

____

____

____

____

____

____

C ***El niño al que se le murió el amigo.*** Complete según el cuento.

1. Una mañana el niño ______________ y fue a buscar ______________ que debía de estar al otro lado ______________ pero ______________ estaba.
2. Según su madre, el niño ______________ estaba porque ______________.
3. "Mi amigo ______________", pensó el niño.
4. El niño pasó ______________ buscando a su amigo y fue ______________ larga.
5. Cuando llegó el sol, el niño estiró los brazos y tiró los juguetes ______________.
6. Luego ______________ a casa con hambre y sed.

Nombre ______________________ Fecha ______________

COSAS DEL TIEMPO

A **Notas biográficas.** Complete según lo que Ud. sabe de la vida de Ramón de Campoamor.

1. Nacimiento ______________________
2. Muerte ______________________
3. Estudios ______________________
4. Datos personales ______________________
5. Obra literaria ______________________

____

B **La filosofía del poeta.** Se dice que Campoamor combina lo poético con lo filosófico. Es un poeta de ideas que tiene algo que decir y lo dice. Su filosofía es práctica. En sus propias palabras, explique la filosofía del poeta en los siguientes versos.

1. En guerra y en amor es lo primero
   el dinero, el dinero y el dinero

   ____

   ____

2. Todo en amor es triste;
   Más, triste y todo, es lo mejor que existe.

   ____

   ____

3. Se van dos a casar de gozo *(joy)* llenos;
   Realizan su ideal; un sueño menos.

   ____

   ____

4. Me causa tanto pesar,
   Que he llegado a presumir
   Que mucho me debe amar
   Quien tanto me hace sufrir.

   ____

   ____

Nombre ______________________ Fecha ______________

EN PAZ

A **Notas biográficas.** Complete según lo que Ud. sabe de la vida de Amado Nervo.

1. Nacimiento ______________________
2. Muerte ______________________
3. Educación ______________________
4. Datos personales ______________________
5. Obra literaria ______________________

B **¿Qué significa?** Explique el significado de lo siguiente: Él vivió preocupado por el destino del hombre—del más allá. En sus poesías quedan elementos del hombre religioso pero en sus inquietudes por el destino del hombre hay escepticismo.

____

____

____

____

____

____

____

C **¿Qué significa?** En sus propias palabras, relate la filosofía de la vida que nos presenta Amado Nervo en su poema "En Paz". Indique si Ud. está de acuerdo con su filosofía o no. Defienda su opinión.

____

____

____

____

____

____

____

Nombre ______________________ Fecha ______________

UN POCO MÁS

A **Un anuncio.** Lea el siguiente anuncio.

B **Informes.** Dé en inglés la siguiente información según el anuncio.

1. name of the establishment ______________________
2. years in business ______________________
3. Sunday hours ______________________
4. what is free ______________________
5. address of the establishment ______________________
6. what they sell ______________________

Nombre ______________________________ Fecha ____________________

C **Una esquela.** Lea la siguiente esquela que anuncia la muerte de tres personas.

†

D. Tomás Romero Romero

Presidente de Parkestil S.Coop.C.Ltda.

y sus hijos

Tomás Romero Allueva

y

M.ª Isabel Romero Allueva

Han fallecido en Barcelona, en accidente, el día 21 de mayo

Sus afligidos: esposa, María Isabel Allueva, padres y demás familia, comunican tan sensible pérdida y desean un eterno descanso para sus almas.

El entierro tendrá lugar hoy, día 23 de mayo, a las 11 horas. La salida del cortejo fúnebre se efectuará desde la Residencia de los Príncipes de España de Bellvitge (Hospitalet).

No se invita particularmente.

Barcelona, 23 de mayo

D **Informes.** Escriba en español un artículo para el periódico sobre la tragedia.

____

____

____

____

____

____

Nombre ______________________ Fecha ______________

E **Para la boda.** Lea el siguiente anuncio.

F **¿De qué se trata?** Explique en inglés de lo que se trata el anuncio.

____

____

____

____

____

Nombre ______________________________ Fecha ____________________

G **Un vuelo extraordinario.** Lea el siguiente artículo que apareció en un periódico de Juárez, México.

Nace bebé en un avión en pleno vuelo

EXCÉLSIOR

México, D.F. — Un bebé de 2.5 kilogramos nació en pleno vuelo del Boeing 727 de Mexicana de Aviación, el cual cubría la frecuencia Los Angeles-Guadalajara, informó ayer el secretario general de la Asociación de Sindicatos de Sobrecargos de Aviación de México, Eduardo Eguía.

Tanto la madre como el bebé están bien, tras horas de haber enfrentado un parto "al natural" y sin los adelantos y auxilio de la tecnología médica el "éxito" del alumbramiento, dijo Eguía, se debió en parte al valor de la madre y la asistencia invaluable de los sobrecargos de Mexicana.

Explicó que el vuelo nocturno, conocido éste como "tecolote", el cual en su mayoría traslada en 90 por ciento a trabajadores connacionales que regresan al país, venía lleno, lo cual dificultó brevemente las cosas, pero tras unos ajustes en el espacio de primera clase, se atendió "con cierto nerviosismo", pero con valor a la paciente.

Sin más pormenores, el dirigente sindical indicó que tras el llanto del bebé, se comunicó a los pasajeros del vuelo, quienes festejaron junto con la tripulación de Mexicana de Aviación el nacimiento de un nuevo ser.

Tras reconocer que llegaron con bien al aeropuerto internacional de la ciudad de Guadalajara y que los equipos de auxilio estaban listos para que atendieran a la madre y al bebé recién nacido, Eduardo Eguía indicó que el profesionalismo de los sobrecargos afiliados a la ASSAM quedó corroborado.

H **Informes.** Conteste en español según el artículo.

1. ¿Dónde nació el bebé?

____

2. ¿De dónde salió el avión y adónde iba?

____

3. ¿Cómo están la madre y el bebé?

____

4. ¿Quiénes ayudaron con el parto?

____

Nombre ____________________ Fecha ____________________

I **Más preguntas.** Explique en inglés según el artículo.

1. What type of flight was it?

____

2. Who were most of the passengers?

____

3. What made the situation more difficult?

____

4. Where did the crew tend to the patient?

____

5. How did the other passengers find out that a baby had been born aboard the flight?

____

J **Una esquela.** Lea la esquela siguiente que apareció en un periódico de Barcelona.

Pepita Llorens i Escoda
vidua de Josep Colomé. Ha mort a Barcelona confortada amb els Sants Sagraments i la Benedicció Apostòlica el día 22 de maig als 69 anys d'edat (A.C.S.) Els seus afligits: germà, Jaume; germana política, Antònia Areny; nebodas, Mercè i Jacqueline i família tota ho fan saber a llurs amics i coneguts i els preguen la caritat de voler-la tenir present en les seves oracions. L'enterrament serà avui, día 23, a les 9.50 hores, a les capelles de l'I.M.S.F., carrrer Sancho d'Avila, 20, on se celebrarà la cerimònia religiosa per l'etern repòs de la seva ànima. A continuació es trasliadarà a la difunta al cementiri de Montjuïc. No s'hi invita particularment.

K **Español, no.** La esquela no está escrita en español. ¿En qué lengua está escrita. ¿Por qué? ¿La puede Ud. entender?

____

____

____

____

Nombre ______________________ Fecha ______________

SUCESOS Y ACONTECIMIENTOS

CULTURA

ACONTECIMIENTOS HISTÓRICOS

Vocabulario

A **¡Al mar!** Conteste.

1. ¿En qué consiste una flotilla?

____

2. ¿Quiénes trabajan a bordo de un barco?

____

3. ¿Quién dirige el barco?

____

4. ¿Cuál es el nombre que se le da al conjunto (al equipo) de trabajadores a bordo de un barco?

____

5. ¿Qué lleva un rey o una reina en la cabeza?

____

6. ¿Qué forma tiene el globo?

____

B **Palabras relacionadas.** Paree.

1. ______	el mar	a.	la desembocadura
2. ______	apoyar	b.	la navegación, el navegante
3. ______	desembocar	c.	la flotilla
4. ______	desembarcar	d.	marino, el marino
5. ______	navegar	e.	el desembarque
6. ______	flotar	f.	el apoyo
7. ______	conquistar	g.	la corona
8. ______	coronar	h.	el conquistador

Comprensión

C **Acontecimientos.** Conteste.

1. ¿Qué son las actualidades?

 ____

 ____

2. ¿Qué son sucesos históricos?

 ____

 ____

3. ¿Qué hay que tomar en cuenta al estudiar la historia de los Estados Unidos?

 ____

 ____

4. ¿Cuándo empezó la influencia española en los Estados Unidos?

 ____

 ____

Nombre ______________________ Fecha ______________

D **¿Qué es o quién es?** Identifique.

1. 1513

____

2. Juan Ponce de León

____

3. Jamestown

____

4. Cristóbal Colón

____

5. los hermanos Pinzón

____

6. La Española

____

E **Palabras relacionadas.** Busque en la lectura palabras relacionadas con las siguientes.

1. llegar ___________________________
2. suceder ___________________________
3. el descubrimiento ___________________________
4. la colonización ___________________________
5. la exploración ___________________________
6. la historia ___________________________
7. gobernar ___________________________
8. navegar ___________________________
9. la fundación ___________________________

Nombre ______________________ Fecha ______________

CONVERSACIÓN

UN CRIMEN

Vocabulario

A **¿Cuál es la palabra?** Dé la palabra cuya definición sigue.

1. la oficina de policía ______________________
2. el acto de tomar algo que no le pertenece, que no es suyo; el acto de quitarle una posesión a otro; tomar lo ajeno ______________________
3. el que le roba la cartera a uno; ladrón de carteras ______________________
4. el que sufre las consecuencias de un crimen ______________________
5. un delito grave; un acto criminal ______________________
6. lo que se hace para distraer a alguien para que no sepa lo que está pasando ______________________

Comprensión

B **Un incidente.** Lea un artículo en el periódico sobre un incidente criminal (un delito). Luego escriba en español un resumen de lo que dice el artículo.

____

____

____

____

____

____

C **Opiniones.** Escriba un párrafo sobre la importancia del trabajo de los policías.

____

____

____

____

____

____

Nombre ______________________ Fecha ______________

LENGUAJE

A **¿De acuerdo o no?** Conteste.

1. ¿Qué diría Ud. si quisiera expresar que está de acuerdo con la opinión de otro?

____

____

2. ¿Qué diría Ud. si no estuviera de acuerdo?

____

____

B **¡Sí, no o quizás!** Indique el significado de las siguientes expresiones.

	sí	**no**	**quizás**
1. Puede ser.	______	______	______
2. De ninguna manera.	______	______	______
3. Cierto.	______	______	______
4. ¿Crees?	______	______	______
5. No hay manera.	______	______	______
6. Efectivamente.	______	______	______
7. Precisamente.	______	______	______
8. Jamás.	______	______	______
9. En mi vida.	______	______	______
10. Entendido.	______	______	______
11. No cabe duda.	______	______	______
12. Ya veremos.	______	______	______

Nombre ______________________________ Fecha ______________

ESTRUCTURA I

El presente perfecto

A **¿Qué no ha hecho el niño hasta ahora?** Complete con el presente perfecto de los verbos.

Hasta ahora...

1. él no ______________ dos palabras. (decir)
2. él no ______________ a caminar. (aprender)
3. él no ______________ con papi. (jugar)
4. él no ______________ a abuelita. (sonreír)
5. él no ______________ muchos juguetes. (romper)

B **¿Por qué no le ha escrito?** Forme frases en el presente perfecto.

1. Todavía / yo / no / le / escribir / Tomás

____

2. Y cuántas veces / yo / te / decir / debes / escribirle

____

3. Y cuántas veces / tú / me / prometer / escribirle

____

4. Pero tú sabes / por qué / yo / no / lo / hacer

____

5. No, no sé / por qué / tú / no / le / escribir

____

6. Pues / yo / no / tener / tiempo

____

7. ¿Tú / no / tener / tiempo?

____

8. Y tú / recibir / tres / carta / él

____

C **¿Qué ha hecho Ud. hoy?** Escriba un párrafo describiendo lo que Ud. ha hecho hoy.

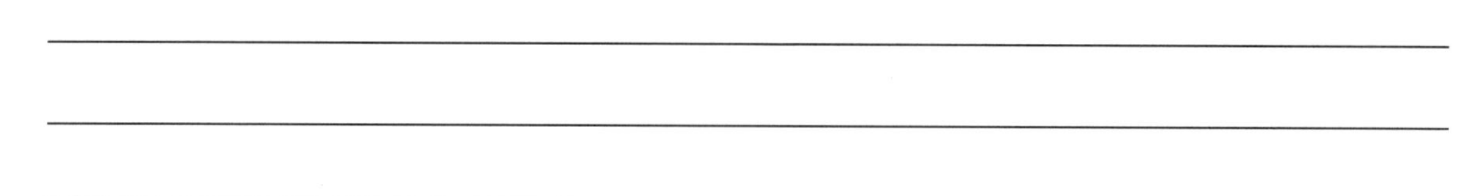

D **¿Hay algo o no hay nada?** Conteste según los dibujos.

1. ¿Hay algo en la mesa?

   ¿Qué hay en la mesa?

2. ¿Tiene algo en la mano el muchacho?

   ¿Qué tiene en la mano?

3. ¿Está leyendo alguien el periódico?

4. Cuando Ud. mira detrás de la puerta, ¿ve a alguien?

____

____

¿Quién está detrás de la puerta?

____

____

5. ¿Alguien está en el garaje?

____

____

¿Quién está en el garaje?

____

____

6. ¿Tiene el niño un gato o un perro?

____

____

7. ¿Tiene la señorita algo que leer?

____

____

¿Qué tiene que leer?

____

____

Nombre ______________________ Fecha ______________

PERIODISMO

LOS TITULARES

Vocabulario

A **¿Cuál es la palabra?** Complete con una palabra apropiada.

1. No sé la hora porque mi ______________ no anda.
2. El tren no va a llegar a tiempo. Habrá una ______________.
3. Los trabajadores no están trabajando porque quieren más beneficios. Hay un ______________.
4. Yo sé que no va a tener éxito. No hay manera. Seguro que va a ______________.
5. No le van a dar permiso. No van a ______________ lo que quiere hacer.
6. Los trabajadores quieren ______________ el número de horas que tienen que trabajar. Es decir que quieren trabajar menos horas.
7. El pobre ha sufrido un ______________, un ataque cardíaco.
8. El metro en muchas ciudades es el tren ______________.

Comprensión

B **Para estar al corriente.** Conteste.

1. ¿Qué puede uno hacer para informarse de las últimas noticias?

   ____

2. ¿Qué son los titulares y dónde aparecen?

   ____

3. ¿Qué hará el lector si le interesa el titular?

   ____

4. ¿Por qué son importantes los titulares? ¿Por qué no los debemos menospreciar?

   ____

Nombre ______________________ Fecha ______________

C **Los titulares.** Lea de nuevo los titulares en la página 223 de su libro de texto. ¿Cómo expresa el titular la siguiente infomación?

1. Queda muy poco tiempo para aprobar el cálculo de costos

____

2. Retrasos en el servicio de autobuses

____

3. Huelga general en Chubut

____

4. Los profesores estarán de huelga en el centro del país

____

5. El uso de cigarrillos bajos en nicotina no disminuye el peligro de un ataque cardíaco

____

LOS SUCESOS

Vocabulario

A **¿Qué significa?** Exprese de otra manera.

1. el fuego ______________________________
2. la onda ______________________________
3. el buque, el barco ______________________________
4. ser la causa de ______________________________
5. bien temprano por la mañana ______________________________
6. la víctima ______________________________
7. el delincuente ______________________________
8. morir ______________________________

Nombre ____________________ Fecha ____________

B **Frases originales.** Escriba una frase con cada palabra.

1. los damnificados

____

2. el naufragio

____

3. destruir

____

4. las llamas

____

5. hundirse

____

6. rescatar

____

7. fallecer

____

8. sobrepasar

____

C **Palabras relacionadas.** Paree.

1. ______	naufragar	a.	la destrucción
2. ______	madrugar	b.	el incendio
3. ______	destruir	c.	el naufragio
4. ______	fallecer	d.	el rescate
5. ______	damnificar	e.	la madrugada
6. ______	rescatar	f.	el fallecimiento
7. ______	encender	g.	el damnificado

Nombre ______________________ Fecha ______________

Comprensión

D **Acontecimientos.** Dé un ejemplo de lo siguiente.

1. un asunto económico

   ____

2. un asunto político

   ____

3. un accidente

   ____

4. un crimen

   ____

5. una catástrofe natural

   ____

E **Descripciones.** Dé una descripción de lo siguiente.

1. un robo

   ____

   ____

2. un accidente

   ____

   ____

3. un naufragio

   ____

   ____

4. un incendio

   ____

   ____

ESTRUCTURA II

El pluscuamperfecto

A **¿Qué había hecho ya?** Complete con el pluscuamperfecto.

A las nueve y media ellos no se habían levantado.

1. Yo ya ______________________. (levantarme)
2. Ya ______________________. (desayunarme)
3. ______________________. (tomar una ducha)
4. ______________________. (vestirme)
5. ______________________. (leer el periódico)
6. ______________________. (cepillarme los dientes)
7. ______________________. (lavar el carro)

B **¿Sí o no?** Conteste.

1. ¿Habías estudiado latín antes de estudiar español?

   ____

2. ¿Habías tomado un curso de álgebra antes de tomar un curso de geometría?

   ____

3. ¿Habías hecho un viaje en carro antes de hacer un viaje en avión?

   ____

4. ¿Habías estado en Chicago antes de ir a Los Ángeles?

   ____

5. ¿Habías nadado en una piscina antes de nadar en el mar?

   ____

Nombre ______________________ Fecha ______________

El condicional perfecto

C **¿Qué habría hecho Ud.?** Escriba cinco cosas que Ud. habría hecho pero que no hizo porque sus padres no lo permitieron o no lo habrían permitido.

1. ______________________________

____

2. ______________________________

____

3. ______________________________

____

4. ______________________________

____

5. ______________________________

____

D **¿Qué habrían hecho ellos?** Complete con una forma del condicional perfecto.

1. Yo ______________ pero no lo hice porque empezó a llover.
2. Mis amigos ______________ a España pero no fueron porque no tenían suficiente dinero.
3. Yo sé que tú ______________ pero no lo hiciste porque tenías miedo.
4. Nosotros ______________ pero no pudimos porque no nos quedó suficiente tiempo.
5. Yo ______________ pero no lo hice porque yo sé que mis padres ______________ furiosos.

Nombre ______________________ Fecha ______________

El futuro perfecto

E **¿Qué habrá hecho Ud.?** Escriba cinco cosas que Ud. habrá hecho antes del fin de este año.

1. ____________________
2. ____________________
3. ____________________
4. ____________________
5. ____________________

F **Yo habré...** Escriba cinco cosas que Ud. habrá hecho antes de cumplir los veinticinco años.

1. ____________________
2. ____________________
3. ____________________
4. ____________________
5. ____________________

Los adjetivos apocopados

G **Un angelillo.** Complete la conversación.

—Carlitos es un ______(1)______ niño. (bueno)

—Es verdad. Es adorable. ¿En qué grado está ahora?

—Está en el ______(2)______ grado. (primero)

—No me lo digas. Parece que entró ayer en el kinder.

—______(3)______ día va a ser un ______(4)______ hombre. (alguno, grande)

—Será el más importante de toda la ciudad de ______(5)______ Domingo. (Santo)

Nombre ______________________ Fecha ______________

LITERATURA

UN ROMANCE Y UN CORRIDO

Vocabulario

A **¿Qué es o quién es?** Identifique.

1. un templo islámico ______________________
2. un castillo o palacio árabe ______________________
3. un monarca ______________________
4. un cerro ______________________
5. un lago pequeño ______________________
6. un saco, un bulto ______________________
7. una señora cuyo esposo está muerto ______________________
8. el prisionero ______________________
9. el final de la vida ______________________
10. lo que no es verdad ______________________

Comprensión

B **Historia de España.** Conteste.

1. ¿Cuándo invadieron los árabes a España?

____

2. ¿Cuándo salieron del país?

____

3. ¿Qué más ocurrió en este mismo año?

____

4. ¿Quién fue el último rey moro en España?

____

5. ¿De qué ciudad fue expulsado?

____

6. ¿Qué construyeron los árabes en España?

____

Nombre ______________________ Fecha ______________________

C Historia de México. Conteste.

1. ¿Cuándo estalló la Revolución mexicana?

   ____

2. ¿Quién era el dictador de México cuando empezó la revolución?

   ____

3. ¿Cuándo renunció el poder Porfirio Díaz?

   ____

4. ¿Quién fue elegido presidente?

   ____

5. ¿Pudo satisfacer los deseos del pueblo mexicano?

   ____

6. ¿Cómo murió Madero?

   ____

7. ¿Quién tomó el poder?

   ____

8. ¿Quiénes entraron en la capital en 1914 para tratar de establecer un nuevo gobierno?

   ____

   ____

9. ¿Quién derrotó a Pancho Villa?

   ____

Nombre ______________________ Fecha ______________

D **Romances y corridos.** Identifique.

1. el juglar

____

____

2. los cantares de gesta

____

____

3. los romances juglarescos

____

____

4. los romances fronterizos

____

____

5. el corrido

____

____

Nombre ______________________ Fecha ______________

UN POCO MÁS

A **Titulares.** Lea los siguientes titulares.

1

Sancionados 36 motoristas sin casco

Colisión de dos ciclomotores en la confluencia de las calles Real y Cruz Verde

2

Detenido por la Policía Local en el interior de una pizzería

Nuevo «tirón» a un transeúnte en la calle Montañés

3

Alarma por una camioneta sin conductor en Alberto Alcocer

4

Una ráfaga de aire tiró al suelo la pantalla de un cine de verano

5

Cuatro muertos al estrellarse el avión que extinguía un incendio en Gerona

La N-II fue cortada al tráfico a causa del fuego

Nombre ______________________ Fecha ______________

B **En inglés.** Escriba en inglés lo que cada titular anuncia.

1. ______________________________

   ____

2. ______________________________

   ____

3. ______________________________

   ____

4. ______________________________

   ____

5. ______________________________

   ____

Nombre ______________________ Fecha ______________

La historia de la conquista de México. Lea lo siguiente.

Una conquista llena de intrigas

En el año 1511 Diego Colón, el hijo del famoso descubridor de América, Cristóbal Colón, decidió conquistar a Cuba. Diego Colón nombró a Diego Velázquez jefe de la expedición. Un cierto Hernán Cortés acompañó a Velázquez en la expedición a Cuba como secretario. Después de la conquista de Cuba, Velázquez nombró a Cortés alcalde de Santiago de Cuba. Siete años más tarde, en 1518, Velázquez nombró a Cortés capitán de una expedición para conquistar a México. Pronto empezaron a surgir muchos problemas y muchas intrigas entre estos dos señores.

Aun antes de la salida de Cortés de Cuba, Velázquez había oído rumores que Cortés no le iba a ser fiel. Así Velázquez trató de parar la expedición de Cortés pero no pudo. Como Velázquez estaba en la Habana y Cortés estaba en Santiago, Cortés ya había salido antes de la llegada de Velázquez a Santiago. Cortés salió de Cuba en febrero de 1519 con sólo once barcos y unos quinientos hombres.

El viernes Santo de 1519 Cortés y sus hombres llegaron a la costa de México. Cortés nombró al pueblo Veracruz. Cortés era un hombre valiente y no había duda que él quería emprender la conquista de México por su cuenta. Él oyó que algunos de sus hombres querían volver a Cuba. Él sospechaba que estaban con Velázquez y no con él. Así, al llegar a México, Cortés decidió quemar los barcos y así hizo. Quemó todos los barcos para hacer imposible el regreso de sus hombres a Cuba. Luego empezó la marcha hacia el interior del país.

Durante esta marcha pasaron por muchos pueblos indios. En aquel entonces el emperador de los aztecas era Moctezuma. Su capital era Tenochtitlán, hoy la Ciudad de México. Muchos de los indios fuera de la capital eran enemigos de Moctezuma y ellos se unieron a Cortés y le dieron ayuda. Así Cortés pudo marchar a la capital sin mucha dificultad.

Cuando Cortés llegó a la capital, Moctezuma en persona salió a recibirlo. ¿Por qué había decidido recibir a un enemigo? Pues, Moctezuma había oído que venía un hombre blanco. Él creía que este hombre extraño tenía que ser Quetzalcóatl. Entre los indios había una leyenda que decía que el dios Quetzalcóatl había salido de Tenochtitlán con algunos hombres hacia el golfo de México. Según la leyenda, Quetzalcóatl había dicho a los indios que iba a regresar a Tenochtitlán en el año de "acatl". En el calendario azteca el año "acatl" era el año 1519, el año en que Cortés llegó a México. Para no ofender al "dios", Moctezuma le dio regalos a Cortés y lo alojó en un gran palacio en la magnífica capital azteca de Tenochtitlán.

Poco después de entrar en Tenochtitlán, Cortés recibió noticias de que Velázquez había mandado una expedición dirigida por Pánfilo de Narváez para hacerle prisionero a Cortés. Cortés fue a Veracruz y allí encontró y derrotó a Narváez y sus tropas.

Durante su ausencia de Tenochtitlán Cortés había puesto a cargo a Pedro de Alvarado. Los indios de Tenochtitlán no podían aceptar las crueldades de los españoles, sobre todo las de Alvarado. Tampoco podían aceptar lo que ellos consideraban la cobardía de su monarca.

Las relaciones entre los españoles y los indios eran malísimas. A su regreso Cortés persuadió a Moctezuma a hablar con sus capitanes para calmarlos. Moctezuma trató de hablarles desde la azotea de su palacio pero sus hombres le dieron una pedrada tan grande en la cabeza que a los tres días él murió. Después de su muerte los indios atacaron a los invasores. La noche del 30 de junio de 1520 murieron más de cuatrocientos españoles. Cortés y los pocos hombres que quedaron tuvieron que huir de Tenochtitlán. Se llama la "Noche triste". Se dice que aquella noche Cortés se sentó debajo de un árbol en las afueras de Tenochtitlán y lloró la pérdida de la ciudad.

¿Terminó así la conquista de México por los españoles? No, Cortés esperó refuerzos y el 21 de mayo de 1521 él comenzó de nuevo el sitio de Tenochtitlán. Fue una batalla horrible. Murieron más de ciento cincuenta mil indios, y el emperador Cuauhtémoc fue bárbaramente torturado por no revelar dónde tenía escondidos sus tesoros. Él prefirió morir a ser traidor. Hoy Cuauhtémoc es un gran héroe del pueblo mexicano.

D **Figuras históricas.** Paree.

1. ______ Diego Colón
2. ______ Diego Velázquez
3. ______ Hernán Cortés
4. ______ Moctezuma
5. ______ Pánfilo de Narváez
6. ______ Quetzalcóatl
7. ______ Pedro de Alvarado
8. ______ Cuauhtémoc

a. emperador de los aztecas cuando los invasores españoles llegaron por primera vez a la capital azteca

b. señor enviado a México por Velázquez para hacer prisionero a Cortés

c. el hijo del descubridor de América que decidió conquistar a Cuba

d. dios blanco de los aztecas que, según una leyenda, iba a regresar de la capital

e. emperador de los aztecas que fue torturado por los españoles; hoy un gran héroe del pueblo mexicano

f. señor que fue nombrado jefe de la expedición a Cuba por Diego Colón

g. señor puesto a cargo de Tenochtitlán por Cortés mientras Cortés fue a luchar contra las tropas de Narváez

h. señor que acompañó a Velázquez como secretario en la expedición a Cuba; fue nombrado alcalde de Santiago y más tarde decidió conquistar a México

Nombre ________________________ Fecha ________________

E **Lugares.** Paree.

1. ______ España
2. ______ Cuba
3. ______ Santiago
4. ______ la Habana
5. ______ Veracruz
6. ______ Tenochtitlán

a. isla del Caribe conquistada por los hombres de Velázquez
b. capital y ciudad más importante de Cuba
c. gran capital de los aztecas; hoy la Ciudad de México
d. ciudad de Cuba que una vez tuvo como alcalde a Hernán Cortés
e. puerto adonde llegaron Cortés y sus hombres en la costa de México
f. país europeo de donde salieron muchos descubridores y conquistadores del Nuevo Mundo

F **Fechas.** Paree.

1. ______ 1511
2. ______ 1519
3. ______ 1520
4. ______ 1521

a. año en que Cortés salió de Cuba para conquistar a México
b. año en que Cortés conquistó a México; perdieron la vida miles y miles de indios y fue bárbaramente torturado el emperador
c. año en que perdieron la vida muchos españoles cuando los indios les hicieron huir de Tenochtitlán
d. año en que Diego Colón decidió conquistar a Cuba
e. año en que Cortés llegó a Veracruz, quemó sus barcos y se marchó al interior

G **En orden cronológico.** Ponga los siguientes sucesos en orden cronológico.

______ Diego Colón decidió conquistar a Cuba.
______ Cortés quemó sus barcos en el puerto de Veracruz.
______ Cortés salió de España como secretario de Velázquez en la expedición a Cuba.
______ Cortés salió de Santiago para ir a conquistar a México.
______ Diego Colón nombró a Diego Velázquez jefe de la expedición a Cuba.
______ Velázquez nombró a Cortés alcalde de Santiago.
______ Cortés y sus hombres marcharon a Tenochtitlán para tomar la capital de los aztecas.
______ Cortés y sus hombres llegaron a un puerto en la costa de México que él nombró Veracruz.

Nombre ____________________ Fecha ____________

H **Preguntas.** Conteste a las siguientes preguntas en inglés.

1. Velázquez tried to stop Cortés' expedition to Mexico. Why did he try to stop it?

____

2. When Cortés arrived on the shores of Mexico, he burned his ships. Why did he do that?

____

____

3. Even though Cortés was an enemy, Moctezuma, the emperor of the Aztecs, gave him gifts and put him up in a magnificent palace. Why did Moctezuma receive Cortés in such a way?

____

____

4. Why did Cortés have to leave Tenochtitlán to go back to the coast of Mexico?

____

5. The Aztecs themselves finally killed their leader Moctezuma. Why did they kill him?

____

6. After the death of Moctezuma, the Spaniards had to flee from Tenochtitlán. Why?

____

7. Almost one year after they fled, the Spaniards returned to Tenochtitlán with reinforcements. At that time Cuauhtémoc was the emperor of the Aztecs. The Spaniards tortured him in a most barbarous way. Why?

____

8. Why is Cuauhtémoc a great hero of the Mexican people?

____

Nombre ____________________ Fecha ____________________

I **Un romance.** Lea lo siguiente.

El último rey godo de España antes de la conquista de los árabes fue don Rodrigo. El siguiente trozo de un romance histórico de la época trata de la leyenda de Rodrigo.

Ayer era rey de España,—hoy no lo soy de una villa;
ayer villas y castillos, —hoy ninguno poseía;
ayer tenía criados,—hoy ninguno me servía;
hoy no tengo almena *(parapet)*—que pueda decir que es mía.

J **Preguntas.** Conteste.

1. ¿Quién nos habla en el romance?

____

2. ¿Qué tenía ayer?

____

3. ¿Qué posee hoy?

____

Nombre ____________________ Fecha ____________

LOS VALORES

CULTURA

LOS VALORES

Vocabulario

A **Sinónimos.** Exprese de otra manera.

1. Ellos van a *dividir* sus *bienes*.

   ____

2. Yo no sé *la conexión familiar* entre los dos.

   ____

3. Ellos le quieren *dar protección* al niño.

   ____

4. Ellos van a *tomar la responsabilidad* de la crianza del niño.

   ____

5. Él es una persona *que nadie conoce aquí.*

   ____

6. *Da vueltas* alrededor de un eje.

   ____

Nombre ______________________ Fecha ______________

Comprensión

B **Valores culturales.** Explique.

1. ¿Qué son valores?

____

____

____

____

____

2. ¿Cuáles son algunos valores predominantes en las culturas occidentales?

____

____

____

____

____

3. ¿Cómo puede una cultura tener ciertos valores sin respetarlos?

____

____

____

____

____

C **¿Sí o no?** Conteste.

1. ______ Los valores son ideas concretas.
2. ______ Los valores son siempre buenos y deseables.
3. ______ Cada persona desarrolla sus propias metas pero la cultura provee las normas aceptables.
4. ______ Los valores de una cultura pueden cambiar de repente.
5. ______ Los valores de casi todas las culturas son los mismos.

Nombre ______________________ Fecha ______________

D **Generosidad y orgullo.** Explique en español lo que Ud. considera la diferencia entre la generosidad y el orgullo.

CONVERSACIÓN Y LENGUAJE

EL QUE INVITA PAGA

E **Una invitación.** Escriba una conversación entre Ud. y un(a) buen(a) amigo(a). Ud. está invitando a su amigo(a) a hacer algo o a ir a alguna parte.

Nombre ______________________ Fecha ______________

ESTRUCTURA I

Usos especiales del artículo

A **Algunos hechos.** Conteste.

1. ¿Cuáles son algunos animales?

____

2. ¿Cuáles son algunos animales salvajes?

____

3. ¿Cuáles son algunas ciencias?

____

4. ¿Cuáles son algunos idiomas?

____

5. Por lo general, ¿qué les gusta a los niños?

____

6. ¿Cuál es tu estación favorita del año?

____

7. ¿Cuál es tu deporte favorito?

____

8. ¿Cuáles son algunos comestibles que a ti te gustan?

____

B **¿Está el doctor?** Complete con el artículo cuando sea necesario.

—Buenos días, ____(1)____ señorita Gómez.

—Buenos días, ____(2)____ señor Guillén. ¿Cómo está Ud.?

—Muy bien. ¿Está ____(3)____ doctor Jiménez hoy?

—Lo siento mucho. En este momento ____(4)____ doctor Jiménez no está.

Hubo una emergencia en el hospital.

—¿Sabe Ud. a qué hora va a volver?

(Suena el teléfono.)

—Perdón, un momentito, ____(5)____ señor Guillén.

(Contesta el teléfono.)

—¡Aló! Ah, ____(6)____ doctor Jiménez. En este momento está ____(7)____ señor Guillén en la consulta. Quiere saber a qué hora Ud. volverá al consultorio. Ah, bien. Se lo diré.

(____(8)____ señorita Gómez cuelga el teléfono.)

—¡Desgraciadamente ____(9)____ doctor Jiménez no volverá esta tarde! Tiene que operar a un paciente. ¿Puede Ud. volver mañana por la mañana a las diez, ____(10)____ señor Guillén?

—De acuerdo, ____(11)____ señorita. Estaré aquí mañana a las diez.

Nombre ______________________ Fecha ______________

C **¿Dónde está el doctor Jiménez?** Conteste según la conversación.

1. ¿Dónde está el señor Guillén?

____

2. ¿Con quién habla él?

____

3. ¿Con quién quiere hablar?

____

4. ¿Está o no está el doctor Jiménez?

____

5. ¿Quién contesta el teléfono?

____

6. ¿Quién llama?

____

7. ¿Por qué no volverá al consultorio el doctor Jiménez?

____

8. ¿Para cuándo tiene cita con el doctor Jiménez el señor Guillén?

____

D **En otras palabras.** Lea la conversación en el Ejercicio B. Luego escriba todo lo que pasó en el consultorio.

____

____

____

____

____

____

____

E **¿Qué día?** Complete con el artículo cuando sea necesario.

1. ________ lunes es el primer día de la semana.
2. Mi hermano sale para Madrid ________ lunes.
3. Tenemos clases ________ lunes.
4. ________ lunes y ________ martes son días laborables.
5. ________ sábado y ________ domingo son días feriados.

F **¿Cuál es su profesión?** Conteste según se indica.

1. ¿Qué es el doctor Suárez? (profesor)

   ____

2. ¿Qué tipo de profesor es? (fantástico)

   ____

3. ¿Qué es la doctora Casals? (cirujana)

   ____

4. ¿Qué tipo de cirujana es? (ortopédica)

   ____

Los pronombres con la preposición

G **Preguntas personales.** Conteste.

1. ¿Quieren tus amigos ir al café contigo?

   ____

2. ¿Te invitan a ir con ellos?

   ____

3. ¿Quieres ir con ellos?

   ____

4. ¿A ti te gusta ir al café?

   ____

5. ¿Y a ellos también?

   ____

Nombre ______________________ Fecha ______________

H **¿Quién?** Escriba con pronombres.

1. Yo trabajo para *los hermanos Garza.*

____

2. Yo trabajo con *la hija mayor de Antonio Garza.*

____

3. Yo voy al trabajo con *su hija.*

____

I **¿Quieres... ?** Forme una pregunta y contéstela según el modelo.

bailar
¿Quieres bailar conmigo?
Sí, me gustaría bailar contigo.

1. estudiar

____

____

2. ir al cine

____

____

3. jugar al fútbol

____

____

Nombre ____________________ Fecha ____________

PERIODISMO

UNA CARTA AL DIRECTOR

Vocabulario

A **¿Cuál es la palabra?** Complete con una palabra apropiada.

1. La situación es muy confusa y mi amiga no sabe qué hacer. Ella está ____________.
2. Es una persona buena y generosa. Todos reconocen su ____________.
3. Lo quiero mucho. Yo le tengo mucho ____________.
4. Te voy a ____________. A ver si te interesa.
5. Él lo ha rehusado completa y ____________.
6. El señor ____________ y no volvió. Nadie sabe dónde está.
7. Él es ____________. No va a cambiar de opinión.

B **Palabras relacionadas.** Paree.

1. ______	guiar	a.	la baja
2. ______	bajar	b.	la propuesta
3. ______	autorizar	c.	el cargo
4. ______	cargar	d.	el guía
5. ______	proponer	e.	la autorización

Comprensión

C **Un malentendido.** Invente otro malentendido que pudiera surgir (ocurrir) entre un turista y un guía de diferentes grupos culturales.

____

____

____

____

____

____

____

Nombre ______________________ Fecha ______________

LA INFLUENCIA DE LA FAMILIA

Vocabulario

A **Preguntas personales.** Conteste.

1. ¿Cuál es una meta que Ud. tiene y que considera muy importante?

___

___

2. ¿Se asemeja Ud. a otra persona en su familia? ¿A quién se asemeja Ud.? ¿Cómo se asemejan?

___

___

3. ¿Cuál es una cosa que le extraña a Ud.?

___

___

4. ¿Le interesa el arte taurino? ¿Por qué?

___

___

5. ¿Cuál es una tontería que Ud. ha cometido una vez en su vida?

___

___

6. ¿Qué está Ud. dispuesto(a) a hacer esta tarde?

___

___

B **Palabras relacionadas.** Paree.

1. ______ vengar
2. ______ elegir
3. ______ heredar
4. ______ aportar
5. ______ asemejar
6. ______ disponer

a. la herencia, el heredero
b. la elección
c. la semejanza
d. la disposición
e. la venganza
f. la aportación

Comprensión

C **Una entrevista.** Prepare Ud. una lista de preguntas que Ud. quisiera hacerle al hijo de Paquirri si tuviera la oportunidad de entrevistarle.

____

____

____

____

____

____

____

____

____

____

____

____

____

Nombre ______________________ Fecha ______________

ESTRUCTURA II

Los tiempos compuestos del subjuntivo

A **Me alegro de que...** Complete.

1. Me alegro de que ellos ______________________. (llegar esta mañana)
2. Me alegro de que ellos ______________________ ______________________. (venir en avión)
3. Me alegro de que ellos ______________________ ______________________. (hacer un buen viaje)
4. Me alegro de que ellos ______________________ ______________________. (decidir quedarse conmigo)

B **Espero que...** Complete.

1. Espero que él ______________________. (salir)
2. Espero que él ______________________ ______________________. (encontrar un taxi sin problema)
3. Espero que él ______________________ ______________________. (no encontrar mucho tráfico en la carretera)
4. Espero que él ______________________ ______________________. (llegar a tiempo al aeropuerto)
5. Espero que él ______________________ ______________________. (no encontrar ningún problema)

Nombre ______________________ Fecha ______________

C **No lo creo.** Complete con un tiempo compuesto del subjuntivo.

1. Yo no creo que él ______________ tal cosa. (hacer)
2. Yo no creía que él ______________ tal cosa. (hacer)
3. Ellos no creen que nosotros lo ______________. (ver)
4. Ellos no creían que nosotros lo ______________. (ver)
5. ¿Es posible que ellos ______________? (perderse)
6. ¿Fue posible que ellos ______________? (perderse)

***Cláusulas con* si**

D **Si pudiera.** Complete.

1. Yo recibiré una A en español si ______________

   ______________.

   Yo recibiría una A en español si ______________

   ______________.

   Yo habría recibido una A en español si ______________

   ______________.

2. Yo haré el viaje si ______________

   ______________.

   Yo haría el viaje si ______________

   ______________.

   Yo habría hecho el viaje si ______________

   ______________.

3. Yo saldré con él (ella) si ______________

   ______________.

   Yo saldría con él (ella) si ______________

   ______________.

   Yo habría salido con él (ella) si ______________

   ______________.

Nombre ______________________ Fecha ______________

Los pronombres posesivos y demostrativos

E **Un boleto extraviado.** Complete con la forma apropiada del pronombre posesivo o demostrativo.

—¿Quién tiene mi boleto?

—No tengo idea. ____________ (1) *(que tengo aquí)* es ____________ (2) y ____________ (3) *(que está en la mesa)* es de Carlos.

—Pues, si ____________ (4) es ____________ (5) y ____________ (6) es de Carlos, ¿qué habré hecho yo con ____________ (7)?

—Francamente no he visto ____________ (8). ¿Puede ser que lo pusieras con tu pasaporte? Mira, hay un boleto con tu pasaporte.

—Sí, lo sé. Pero no es ____________ (9). ____________ (10) que está con mi pasaporte es ____________ (11) Sandra.

—¿Cómo es que tú sabes donde está ____________ (12) Sandra y no tienes idea de lo que has hecho con ____________ (13)?

Nombre _______________________________ Fecha _______________

LITERATURA

ZALACAÍN EL AVENTURERO

Vocabulario

A **¿Qué es?** Identifique.

1. ____________ 2. ____________ 3. ____________

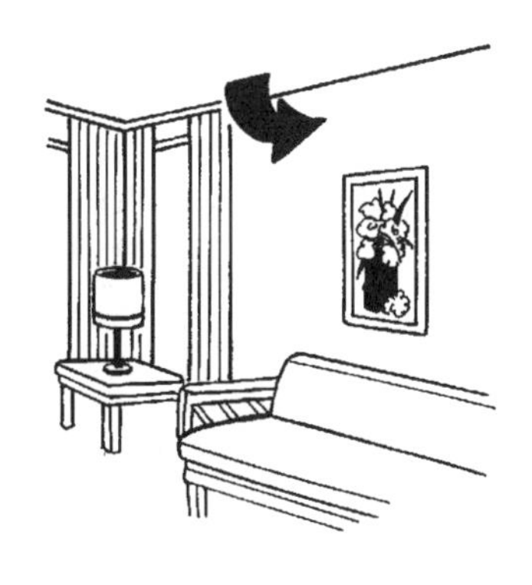

4. ____________ 5. ____________ 6. ____________

7. ____________ 8. ____________

Nombre ______________________________ Fecha ____________________

B **Sinónimos.** Exprese de otra manera.

1. Él está enterrado en *el camposanto* en las afueras de *la villa.*

____

2. No sé dónde *vive* ahora.

____

3. No se puede *cruzar* la calle aquí.

____

4. No sé por qué, pero la verdad es que él le tiene *mucha hostilidad, mucha antipatía.*

____

5. *Me causa miedo* lo que él está haciendo.

____

6. *Es una posesión mía.*

____

C **Palabras relacionadas.** Paree.

1. ______	empujar	**a.**	el susto
2. ______	odiar	**b.**	la travesía
3. ______	adivinar	**c.**	el empujo
4. ______	matar	**d.**	la habitación
5. ______	asustar	**e.**	el odio
6. ______	habitar	**f.**	el sueño
7. ______	soñar	**g.**	la adivinanza
8. ______	atravesar	**h.**	la matanza

Nombre ______________________ Fecha ______________

Comprensión

D **Zalacaín.** Conteste.

1. ¿Quién escribió *Zalacaín el Aventurero?*

____

2. ¿Quién es el protagonista de la novela?

____

3. ¿Dónde nació?

____

4. ¿Cómo era su familia?

____

5. ¿Cuándo y de qué murió su padre?

____

6. ¿Dónde recibió su educación?

____

7. ¿Por qué le llamó "ladrón" un vecino?

____

E **Pío Baroja.** Dé los siguientes informes sobre el autor.

1. lugar de nacimiento ______________________
2. fecha de nacimiento ______________________
3. profesiones u oficios ______________________
4. intereses ______________________
5. opiniones ______________________

Nombre ____________________ Fecha ____________________

F **Descripciones.** Describa lo siguiente.

1. la casa de Martín

____

____

2. el padre de Martín

____

____

3. Martín Zalacaín

____

____

4. la familia Ohando

____

____

G **Martín y Carlos.** Use su imaginación y escriba la conversación que tuvo lugar entre Martín Zalacaín y Carlos Ohando.

____

____

____

____

____

____

____

____

____

____

____

Nombre ______________________ Fecha ______________

MI PADRE

Vocabulario

A **¿De qué se habla?** Escoja.

1. Él tenía una cicatriz en el mentón.
   - **a.** Alguien le habría dado un empujón.
   - **b.** Se habría cortado.
   - **c.** Tenía la boca abierta.
2. El joven tragó algo y por poco se ahoga.
   - **a.** Estaba tomando una gaseosa.
   - **b.** Estaba quitando las macarelas del barril.
   - **c.** Estaba mirando el lago.
3. Tenía escalofríos.
   - **a.** Estaba haciendo mucho calor.
   - **b.** Estaba enfermo y tenía fiebre.
   - **c.** Quería escalar la casa.
4. Él llegó sin aliento.
   - **a.** Habría hecho un viaje largo.
   - **b.** Todos esperaban su llegada.
   - **c.** Tenía dificultad en respirar.
5. Todo el mundo lo envidia.
   - **a.** Tiene tanto.
   - **b.** No tiene nada.
   - **c.** Él odia a todos.
6. Él lo hizo a hurtadillas.
   - **a.** Todo el mundo lo vio.
   - **b.** No quería que nadie supiera.
   - **c.** Él se puso de rodillas.
7. Él tiene muchas virtudes.
   - **a.** Es un tipo bastante cruel.
   - **b.** No tiene moral.
   - **c.** Hace muchas cosas buenas.

Nombre ______________________ Fecha ______________

Comprensión

B **Mi padre.** Escriba en español un resumen corto del cuento "Mi padre".

____

____

____

____

____

____

____

____

____

____

C **Opiniones.** ¿Le gustó el cuento o no? Explique por qué.

____

____

____

____

____

____

____

____

____

____

Nombre ______________________ Fecha ______________

UN POCO MÁS

A **Un artículo.** Lea el siguiente artículo que apareció en un periódico español. Luego conteste las preguntas en inglés.

1. What is the main idea of the article?

____

____

____

____

____

____

2. In the article, what parallel is made between the United States and Spain?

____

____

____

____

____

____

Idioma común

Reconocido el derecho de las minorías al uso de las lenguas maternas, nace en los Estados Unidos un amplio movimiento de opinión para reafirmar el papel del inglés como único idioma oficial de la nación, especialmente en aquellos Estados, como los del sur, donde existen mayores contingentes de hispanohablantes. La medida no tiene en cuenta, evidentemente, factores estadísticos que convierten el castellano en segundo idioma en algunos de esos Estados y le otorgan una condición relevante. Pero, por mucho que nos duela como miembros de una comunidad idiomática, representa un esfuerzo hacia la unidad del idioma, como soporte y reforzamiento de la identidad cultural de la nación. La pretensión de mantener a ultranza el idioma materno en los Estados Unidos, con desprecio del inglés, se ha demostrado nociva para el progreso social y profesional de los individuos. Se trata, en definitiva, de evitar los peligros de la atomización lingüística. En el caso de España, frente al saludable renacimiento de los idiomas vernáculos, el castellano no debe perder su condición hegemónica y aglutinante. El ejemplo de los Estados Unidos —sociedad multirracial y multilingüe por excelencia, además de Estado federal— deberá hacernos reflexionar sobre los riesgos de prescindir o relegar a un segundo plano el idioma oficial.

B **Idiomas.** Lea lo siguiente.

Como ha leído en el artículo en el Ejercicio A, se oyen y se hablan varios idiomas en España. En Cataluña se habla el catalán que es muy parecido al provenzal que se habla en algunas regiones del sur de Francia. El mallorquín que se habla en las islas Baleares es una variante del catalán. En el noroeste, en Galicia, se habla el gallego que se parece mucho al portugués. Y en el País Vasco se habla vascuence, un idioma misterioso. El vascuence es único y no se sabe su origen. No tiene semejanza con ningún otro idioma. *Euskera* es como se dice "vascuence" en el vascuence.

C **Versos en otros idiomas de España.** Lea lo siguiente.

1. Éste es el primer verso de un poema en tres versos que lleva el título *Nadal. Nadal* es catalán. Quiere decir "Navidad". Lea el verso para ver cuánto Ud. puede comprender. Luego a la derecha lea la traducción española del verso.

Nadal
Sento el fred de la nit i la
sinbonba fosca
Aixi el grup d'homes joves
que eara passa cantant
Sento el carro dels apis que
l'empedrat recolza
i els altres que l'avancen
d'dreca al mercat.

Navidad
Siento el frío nocturno y la
zambomba* oscura
el grupo de hombres jóvenes
que ahora pasa cantando
el rodar en la esquina del
carro de verduras,
los otros que le siguen
camino del mercado.

**rustic drumlike instrument*

2. Éste es un verso de la gran poetisa gallega Rosalía de Castro. El poema está escrito en gallego. Con un poco de imaginación Ud. podrá leerlo fácilmente. Lea también el poema traducido al español a la derecha.

Poema VI
¿Qué pasa o redor de min?
¿Qué me pasa quéu non sei?
Teño medo d'un-ha cousa
que vive e que non se ve.
Teño medo a desgracia traidora
que ven, e que nunca se sabe
ónde ven.

Poema VI
¿Qué pasa alrededor de mí?
¿Qué pasa que no sé?
Tengo miedo de una cosa
que vive y que no se ve.
Tengo miedo a la desgracia traidora
que viene, y que nunca se sabe
adonde viene.

3. Esta poesía popular que se titula *Zerena* está escrita en euskalduna o vascuence. ¿La puede leer? Si no, use la traducción al español a la derecha.

Zerena	La sirena
Ur andian ba umen da	Existe en el Océano
Kantazale eder bat	una buena cantora
Zerena deitzenden bat	que llaman Sirena.
Itsasoan inganatzen	Ella es la que encanta.
Ditu hak pasaierak	y seduce a los pasajeros en alta mar,
hala nola no maitenak.	como igualmente a mí, mi bien amada.

D **Cinco duros.** Lea el siguiente cuento.

Llegué esa misma tarde a la Villa y desde la estación fui en taxi al hotel. La ciudad había cambiado mucho en los pocos años que me encontré en el extranjero. Por todas partes estaban construyendo edificios, aparcamientos, bares americanos, todas las cosas típicas de una gran metrópoli.

Subí a la habitación y después de bañarme y ponerme decente, bajé y me encaminé hacia la Plaza de San Miguel, uno de los lugares más castizos del Madrid Viejo.

Mi propósito era ver a mi viejo amigo José, pintor de gran talento y poca plata. Bien sabía yo que a esa hora del atardecer estaría él instalado en su balcón observando la animación de la plaza, el ir y venir de la gente por la calle y en las terrazas.

De hecho, allí estaba. Como si no hubieran intervenido años enteros. Tal como le había dejado años atrás. Me vio. Le hice una señal y bajó en seguida a la calle. Después de un abrazo y los saludos le invité a cenar.

Comimos un sabroso cochinillo que regamos con un tinto de Valdepeñas. La sobremesa también daba gusto. Hablamos de arte, de política, de todo lo que nos venía a la mente. Me contó de lo difícil que le iban las cosas con su arte; de lo penosa que era su situación económica.

Salimos del restaurante y pasamos por la Plaza Mayor.

—¿Te apetece un buen café y una copita?, —me preguntó José.

—¡Hombre! ¡Qué magnífica idea!

En un pequeño café a dos pasos del Palacio Real nos metimos a tomarnos un "buen café" y a continuar una conversación que parecía haber comenzado diez años antes.

Llegó el camarero.

—¿Qué desean los señores?

—Tráiganos un café y una copa de coñac. De lo mejor de la casa.

Mencionó José entonces una marca que es de las caras. Nos trajeron café y copa.

—Este coñac me sabe a coñac de garrafa. Pruébalo tú, —José.

—Tienes razón. No es el que pediste, —respondí.

Llamó al camarero y le dijo que no nos había servido lo que pedimos. También pidió la cuenta.

El camarero desapareció y volvió con una botella del coñac que queríamos.

—La cuenta por favor,— dijo José.

—Aquí está el coñac que pidió Ud., don José.

—No, sólo quiero pagar mi cuenta. ¿Qué se debe?

—A ver. Dos cafés, son cuatro pesetas.

—¿Y los coñacs?

—Pero no los tomaron Uds. No se los cobro.

—Pero los pedimos. Lo que pido, pago. ¿Cuánto le debo?
—Ay, señor. Bueno. Son cuatro de café más dieciséis de coñac. Veinte pesetas.
—Tome Ud.
Y veo que José le da una moneda de cinco duros.
Con eso volvemos a la calle sin tomarnos la copa. Se abre la puerta del café y sale el dueño.
—Don José. ¡Tome sus cinco duros!
—No, señor. Pago lo que pido.
—Pero Ud. no tomó nada.
—No importa. Lo que pido, pago.
—Pues yo no lo acepto.
—Déselo pues al chico, si quiere.
—Ay, don José. ¡Qué duro es Ud.!
—Nada, nada. Sencillamente pago lo que pido.
—Bueno, don José. Como Ud. quiera.
Seguimos andando un rato y por fin le digo a mi amigo:
—Oye, tú. ¿Qué te pasa? ¿Estás loco o qué?
—¿Por qué me preguntas eso?,—responde.
—Bastante escasas son tus monedas para permitirte tirarlas, hijo mío.
—Ahí es donde te equivocas, mi hermano.
—Explícame eso, si puedes,—le digo.
—Muy sencillo. Me ha salido baratísimo.
—¡Baratísimo! Estás chiflado, pero de veras.
—Es que tú no comprendes. Por cinco miserables duros me quedo yo un caballero.

Nombre ______________________ Fecha ______________

E **Preguntas.** Conteste.

1. ¿Cómo se divertía José todas las tardes?

____

2. ¿Por qué invitó el autor a José a comer y no vice versa?

____

3. ¿Por qué insistiría José en invitar a su amigo a tomar café?

____

4. ¿Por qué quería el camarero cobrarle sólo cuatro pesetas?

____

5. El dueño dice que no acepta los cinco duros. José le dice, "Déselo pues al chico, si quiere". ¿Qué quiere decir eso?

____

6. El dueño le dice a José, "Ay, don José. ¡Qué duro es Ud.!"— Explique Ud.

____

7. En el quinto párrafo se habla de "la sobremesa". ¿Qué es la sobremesa?

____

F **Opiniones.** Explique.

1. Las reacciones del pintor ante las circumstancias de este episodio sirven para ilustrar algo esencial del carácter hispano. Explique en español lo que puede ser.

____

____

____

2. ¿Cuál es el punto de vista del amigo de José en cuanto a lo ocurrido?

____

____

____

G **Diez años después. Francisco Rivera Ordóñez sigue en el ruedo.** Mire la entrada a la corrida y luego lee el artículo que apareció en el periódico el día después.

Fran Rivera Ordóñez y Conrado Gil Belmonte, triunfadores en Tarifa

Toros en Conil en sesión matinal con Jesulín, Rafi Camino y Cristo

Redacción
Cádiz

En la plaza de toros de Tarifa se celebró una novillada con picadores en la que se lidiaron cuatro novillos de Carlos Núñez, uno de Ana Romero jugado en segundo lugar , y uno de Marcos Núñez, completando el sexteto, que saltó a la arena en el cuarto puesto de la suelta.

Los novillos estuvieron bien presentados siendo muy bueno el quinto, de Carlos Núñez, que fue premiado con la vuelta al ruedo. Los demás resultaron manejables y con dificultades tercero y sexto. El aforo de la plaza se cubrió en sus tres cuartas partes.

Abrió plaza el malagueño Francisco Moreno que anduvo fácil con capote y muleta matando en su sitio, demostrando estar puesto. Obtuvo una oreja y dos vueltas tras petición.

Francisco Rivera Ordóñez, valiente y confiado, falló a espadas en su primero y fue aplaudido. Al quinto lo toreó con temple cuajando una gran faena a un novillo que rompió en la muleta y mereció al vuelta al ruedo. Le cortó las dos orejas y el rabo.

El algecireño Conrado Gil Belmonte obtuvo un balance de dos orejas y oreja. Anduvo muy sereno y con oficio, doblándose muy bien con su primero, destacando en unos ayudados con mucho mando y muy certero con el estoque. Al sexto, que brindó al aficionado gaditano Alfonso Caravaca, le cortó la oreja después de lidiarlo a gran altura con la capa y funadando su faena en la mano derecha que manejó con soltura, oficio y poder.

Nombre ______________________ Fecha ______________

H **Preguntas.** Escoja según el artículo.

1. La novillada que describe el artículo tuvo lugar en _____.
   a. Conil
   b. Tarifa
   c. Cuarto Puesto
2. Carlos Núñez y Ana Romero _____.
   a. son toreros
   b. crían toros
   c. son novillos
3. El novillo que era muy bueno era el número _____ en salir a la plaza.
   a. tres
   b. cuatro
   c. cinco
4. El torero que actuó primero fue _____.
   a. Francisco Moreno
   b. Francisco Rivera Ordóñez
   c. Conrado Gil Belmonte
5. A Francisco Rivera Ordóñez el público le _____ después de su primer toro.
   a. aplaudió
   b. insultó
   c. dio una oreja
6. El toro al que Francisco Rivera Ordóñez toreó mejor fue el _____.
   a. primero
   b. tercero
   c. quinto
7. El torero de Málaga es _____.
   a. Francisco Moreno
   b. Francisco Rivera Ordóñez
   c. Conrado Gil Belmonte
8. Los espectadores llenaron _____ de la plaza.
   a. la mitad
   b. tres cuartos
   c. toda

Nombre ____________________ Fecha ____________________

I **Otra opinión de la corrida.** Muchos españoles consideran la corrida de toros salvaje, violento e inhumano. Lea el siguiente artículo editorial que apareció en un periódico español poco después de la muerte de *Paquirri.*

Paquirri

MANUAL VICENT

El diestro Francisco Rivera *Paquirri,* muerto no directamente por asta[1] de toro, sino a causa de la cochambre[2] que rodea la fiesta, acaba de alcanzar la gloria cañí. Sería demasiado fácil cebarse ahora con esta vergüenza nacional, describir una enfermería con cucarachas, añadir otra mano sucia a cuantas palpaban la terriblc carnicería del torero y mojaban los dedos en la salsa del plato que nos ha ofrecido la televisión. Después se podría continuar viaje en macabra caravana detrás de la ambulancia por una carretera de segundo orden con el héroe desangrando en busca de un hospital no muy tercermundista.

Tengo un corazón decente y he sentido la muerte de este famoso matador como si fuera uno de su cuadrilla. Me ha conmovido la miseria típicamente española que la ha rodeado. Aunque no hay que olvidar una cosa. Lo que le ha pasado le sucede al toro todas las tardes, pero el hombre frente a la naturaleza se comporta con un corporativismo espeluznante, y cuando el desenlace de la fiesta cae del revés entonces monta un número de confraternidad de la especie que pone carne de gallina.

El asunto no ha terminado. Ahora llegarán las revistas del corazón hurgando[3] los sentimientos, y una subliteratura acompañará las imágenes del muslo taladrado[4] del torero, y algunos harán truculentos negocios con el dolor. Y otra vez esta España de granito y encinas, que nunca da clemencia y ni la pide, se lamerá la herida con un pasodoble. De momento yo me voy a Andorra.

Martes 2 de octubre

Francisco Rivera, *Paquirri.*

---

[1] **asta** *cuerno del toro*

[2] **cochambre** *suciedad, algo que tiene mal olor*

[3] **hurgando** *incitando, conmoviendo*

[4] **taladrado** *perforado*

Nombre ______________________ Fecha ______________

J **Para pensar.** Comente.

1. Según el autor, ¿qué es lo que causó la muerte del torero?

2. ¿Cuál es la impresión que nos da el autor de la enfermería adonde llevaron al torero?

3. ¿Cómo es la carretera por donde pasaba la ambulancia?

4. Explique la frase: "… en busca de un hospital no muy tercermundista".

5. El autor dice que él ha sentido la muerte de *Paquirri* como si fuera uno de su cuadrilla. Comente.

6. ¿Qué querrá decir "Lo que le ha pasado le sucede al toro todas las tardes…"?

7. Explique a lo que se refiere el autor en el último párrafo.

Nombre ____________________ Fecha ____________________

LA SALUD Y EL BIENESTAR

CULTURA

ESTADÍSTICAS SOBRE LA SALUD

Vocabulario

A **En el hospital.** Describa el dibujo.

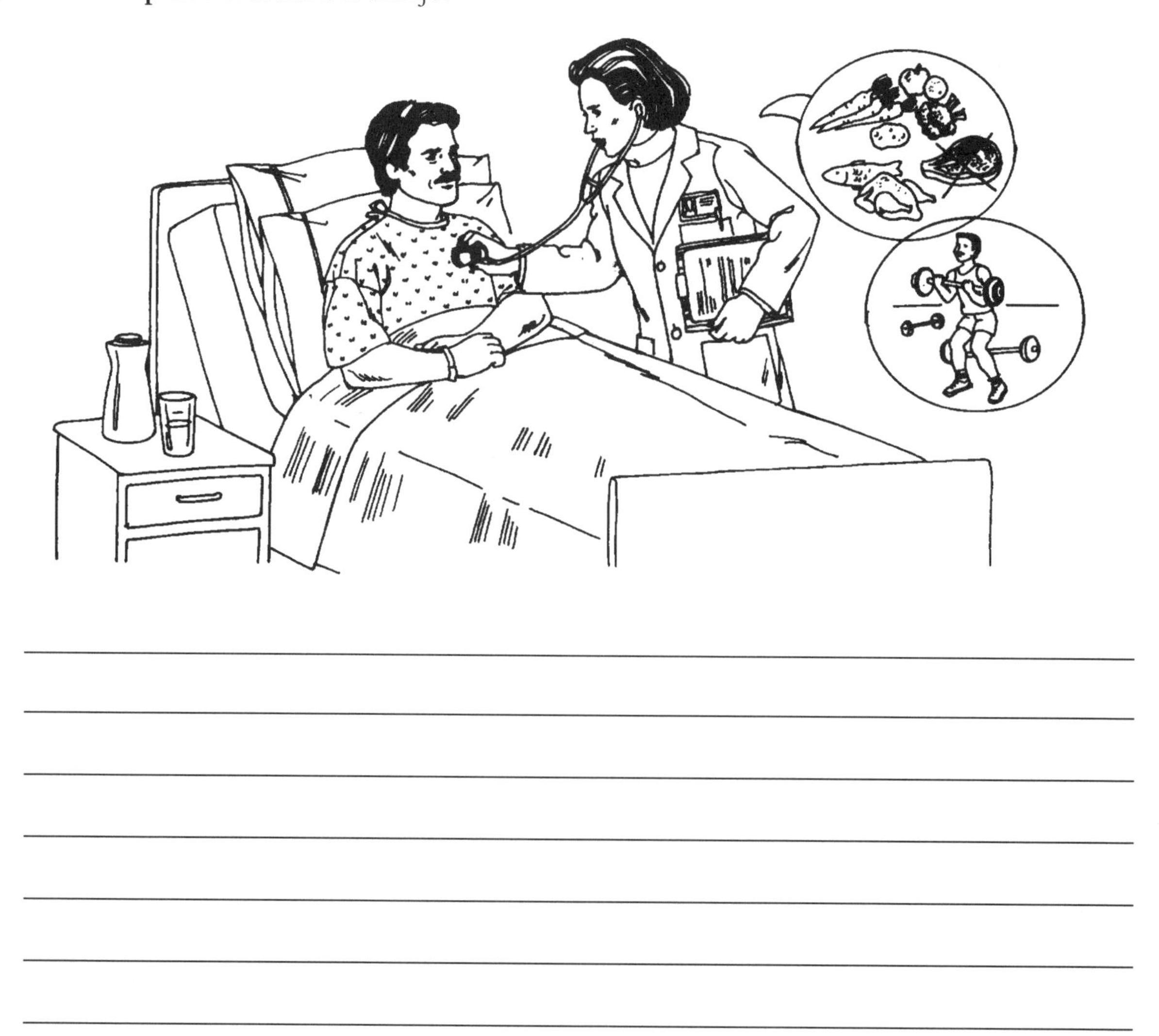

____

____

____

____

____

____

____

Nombre ______________________ Fecha ______________

B **Algunos datos.** Conteste.

1. ¿Cuántas repúblicas hay en la América Latina?

____

2. ¿En qué se diferencian ellas?

____

3. ¿Qué influye en los servicios médicos disponibles para sus ciudadanos?

____

4. ¿Dónde hay hospitales con equipo médico muy avanzado?

____

5. ¿Qué existe en las zonas rurales y remotas?

____

C **Frases originales.** Escriba una frase con cada palabra.

1. el dentista

____

2. el médico

____

3. el enfermero

____

4. el hospital

____

5. diario

____

6. los alimentos

____

7. inscribir

____

Nombre ______________________ Fecha ______________

Comprensión

D **Algunos datos.** Dé algunos datos médicos sobre los siguientes países.

1. Argentina

____

____

____

2. Cuba

____

____

____

3. México

____

____

____

4. Honduras

____

____

____

5. la República Dominicana

____

____

____

Nombre ____________________ Fecha ____________________

CONVERSACIÓN Y LENGUAJE

LA SALUD

A **En el consultorio.** Escriba una conversación entre el/la paciente y el/la médico(a) en su consultorio.

____

____

____

____

____

____

____

____

____

____

B **En el hospital.** Describa una estadía en el hospital.

____

____

____

____

____

____

____

____

____

____

____

Nombre ______________________ Fecha ______________

C **¿Qué vas a hacer?** Complete con lo que Ud. va a hacer.

1. Tengo un hambre que me mata.

   ____

2. Estoy rendido, absolutamente molido.

   ____

3. Anoche no dormí bien. Pasé la noche dando vueltas en la cama. No pude conciliar el sueño.

   ____

D **¿Por qué?** Explique por qué.

1. Estoy triste porque ______________________________________

   ______________________________________.

2. Estoy deprimido(a) porque ______________________________________

   ______________________________________.

3. Estoy contento(a) porque ______________________________________

   ______________________________________.

4. Estoy nervioso(a) porque ______________________________________

   ______________________________________.

5. Él me enfadó porque ______________________________________

   ______________________________________.

6. Él me dio rabia porque ______________________________________

   ______________________________________.

Nombre ______________________ Fecha ______________

ESTRUCTURA I

El comparativo y el superlativo

A **En la clase de español.** Conteste.

1. ¿Quién recibe la nota más alta?

   ____

2. ¿Quién tiene el pelo más rubio?

   ____

3. ¿Quién es el/la más alto(a)?

   ____

4. ¿Quién tiene los ojos más azules?

   ____

5. ¿Quién tiene los ojos más castaños?

   ____

6. ¿Quién recibe una nota más alta que tú?

   ____

7. ¿Quién es más alto(a) que tú?

   ____

8. ¿Quién es mayor que tú?

   ____

9. ¿Quién es menor que tú?

   ____

10. ¿Quién canta mejor que tú?

    ____

11. ¿Quién canta peor que tú?

    ____

12. ¿Quién habla más que el/la profesor(a)?

    ____

Nombre ____________________ Fecha ____________________

El comparativo de igualdad

B **Sanlúcar y San Bernardo.** Forme una sola oración usando el comparativo.

1. Sanlúcar de la Frontera tiene 2.000 habitantes. San Bernardo tiene 2.000 habitantes.
____
2. Sanlúcar es pequeño. San Bernardo es pequeño.
____
3. La plaza de Sanlúcar es bonita. La plaza de San Bernardo es bonita.
____
4. Hay muchas fuentes en Sanlúcar. Hay muchas fuentes en San Bernardo.
____
5. Sanlúcar está lejos de la capital. San Bernardo está a igual distancia de la capital.
____
6. El pueblo de Sanlúcar es pintoresco. El pueblo de San Bernardo es pintoresco.
____

Los verbos reflexivos

C **¿Qué hace Ud.?** Complete con un verbo reflexivo.

1. Antes de comer yo ____________________.
2. Después de comer yo ____________________.
3. Antes de acostarme yo ____________________.
4. Después de acostarme yo ____________________.
5. Antes de levantarme yo ____________________.
6. Después de levantarme yo ____________________.
7. Antes de salir para la escuela yo ____________________.

Nombre ________________ Fecha ________________

D **¿Qué pasa?** Describa lo que está pasando en cada dibujo.

1. Aurora ________________

2. Iván ________________

3. Yo ________________

4. Los muchachos ________________

5. Nosotros ________________

6. Tú ________________

Nombre ______________________ Fecha ______________

E **¿Y los demás?** Complete.

1. Yo me duermo en seguida pero él no ______________ en seguida.
2. Ellos se sienten bien pero yo no ______________ bien.
3. Nosotros nos vestimos elegantemente pero ellos nunca ______________ elegantemente.
4. Él se despierta a las siete pero yo ______________ a las seis y media.
5. Nosotros nos divertimos siempre pero Uds. no ______________ casi nunca.
6. Ellos siempre se sientan en la terraza pero nosotros ______________ en el patio.

F **El bebé.** Complete con el pronombre reflexivo cuando sea necesario.

1. ¿A qué hora ______________ acuestas al bebé?
2. Lo ______________ acuesto a las ocho.
3. Y el ángel ______________ duerme en seguida.
4. ¿Y a qué hora ______________ despiertas al bebé?
5. Me haces reír. No lo ______________ despierto nunca.
6. Él ______________ despierta a sí mismo.
7. Es una criatura adorable. Él ______________ divierte mucho.

El sentido recíproco

G **Una descripción.** Escriba una frase para describir cada dibujo. Use *se* en cada frase.

1. Ellas ______________________________

2. Los dos ______________________________

3. Iván y María ______________________________

Nombre ______________________ Fecha ______________

PERIODISMO

SALUD ESTUDIANTIL: *Libreta Salud estudiantil y no se fumará en colegios*

Vocabulario

A **¿Qué es?** Identifique.

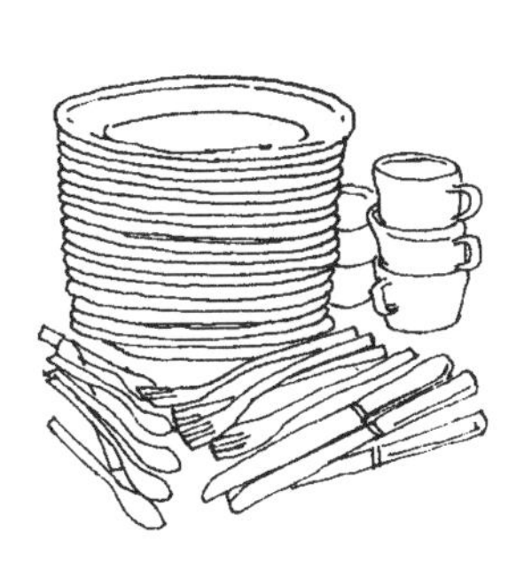

1. ______________________ 2. ______________________

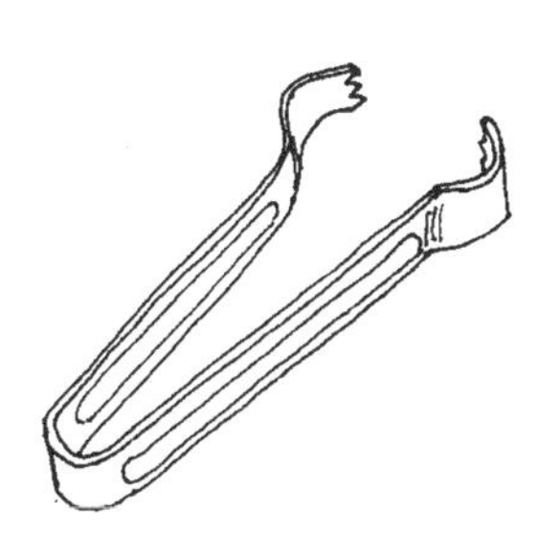

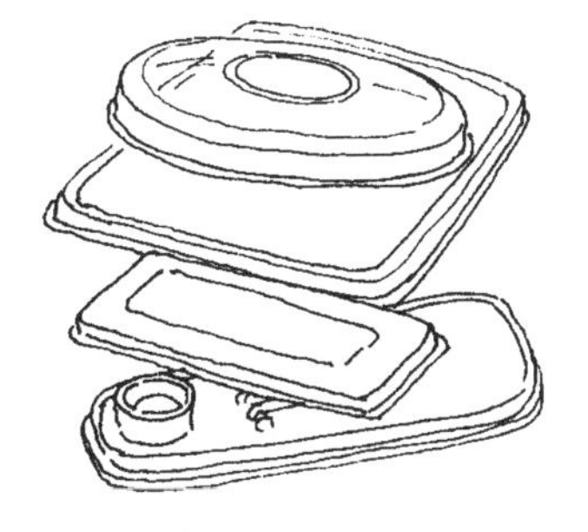

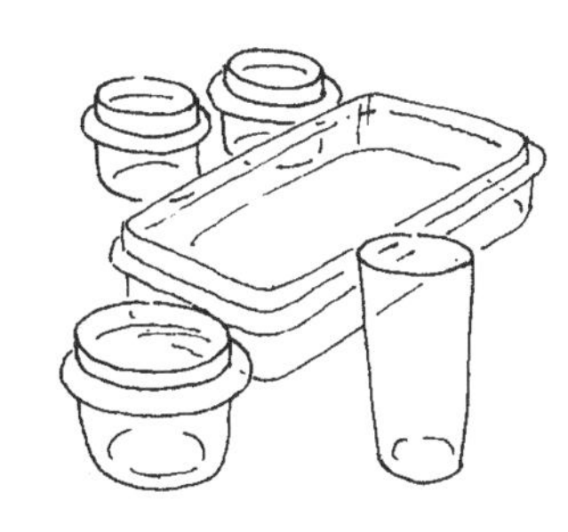

3. ______________________ 4. ______________________ 5. ______________________

B **Nuestra cafetería.** Describa la cafetería de su escuela.

____

____

____

____

____

____

____

Nombre ______________________ Fecha ______________

Comprensión

C ***Libreta Salud estudiantil.*** Lea de nuevo el artículo en su libro de texto. Busque cómo se expresa lo siguiente.

1. El Departamento de Instrucción Pública tratará de mejorar la calidad de vida de muchos escolares de los diferentes centros docentes del país.

____

____

____

____

2. El segundo acuerdo tiene que ver con la prohibición de fumar cigarrillos y de tomar alcohol en las escuelas de todos los niveles educacionales del país, dentro y fuera de la sala de clase.

____

____

____

____

3. No se permite la distribución ni venta de cigarrillos en los establecimientos.

____

____

____

____

D **Expresiones equivalentes.** Busque en el artículo una expresión equivalente en español.

1. processed foods ______________________________
2. expiration date ______________________________
3. clean containers ______________________________
4. safety cap ______________________________
5. disposable containers ______________________________

Nombre ______________________________ Fecha ________________

LA DIETA: *Dieta: Buenos consejos*

Vocabulario

A **Un repaso.** Escriba los nombres de los alimentos que ya ha aprendido según su categoría.

1. carnes

____

____

2. pescados y mariscos

____

____

3. aves

____

____

4. legumbres y verduras

____

____

5. frutas

____

____

6. especias

____

____

7. otros

____

____

Nombre ______________________ Fecha ______________

Comprensión

B **Una dieta.** Prepare una dieta que Ud. podría seguir sin problema.

____

____

____

____

____

____

____

____

C **Gustos personales.** Prepare una lista de los alimentos que para Ud. sería difícil suprimir (no comer). Explique por qué.

____

____

____

____

____

____

____

____

Nombre ____________________ Fecha ____________________

LA CONTAMINACIÓN POR EL RUIDO: *Cómo protegernos de la contaminación por el ruido*

Vocabulario

A **Un repaso.** Conteste.

1. El señor ha sufrido una pérdida parcial del oído. ¿Qué necesita?

   ____

2. ¿Cuál es la diferencia entre un sonido y un ruido?

   ____

3. ¿Cuáles son algunas cosas que producen ruidos desagradables?

   ____

4. ¿Qué no puede hacer una persona que es sorda?

   ____

5. ¿Para qué se usa un tapón para los oídos?

   ____

Comprensión

B **Problemas del oído.** Muchos médicos constan que los jóvenes de hoy van a sufrir de problemas del oído en el futuro. ¿De qué tipo de problemas hablan? ¿Por qué dicen eso? ¿Está Ud. de acuerdo o no? ¿Toma Ud. precauciones para evitar tal posibilidad? ¿Cuáles?

____

____

____

____

____

____

____

____

Nombre ____________________ Fecha ____________

ESTRUCTURA II

Los pronombres relativos

A **Una conversación interesante.** Complete con el pronombre apropiado.

—El libro ______(1) me diste es muy interesante. Pero no es el libro ______(2) estoy leyendo ahora. ______(3) estoy leyendo ahora es de Vargas Llosa, un autor contemporáneo peruano. ______(4) tú me diste es de Borges, el autor argentino.

—¿No es Borges el conocido autor argentino ______(5) murió en 1986?

—Sí. Es el autor de ______(6) nos hablaba Carmen el otro día, ¿no?

—No me acuerdo.

—¿No te acuerdas ______(7) ella nos hablaba de un autor argentino ______(8) vivía en París?

—Ah, no. No era de Borges ______(9) nos hablaba. Hablaba de Cortázar. Yo sé ______(10) él vivía en París y si no me equivoco Borges también vivió una temporada en París.

—Pues, ¡qué curioso! Yo acabo de leer en la biografía de Vargas Llosa ______(11) él ha vivido durante algunos años en París. ______(12) me sorprende es que hay tantos autores contemporáneos de Latinoamérica ______(13) viven o ______(14) han vivido en París.

—Pues, tú me dijiste antes ______(15) estabas leyendo una novela de Vargas Llosa. ¿Cuál estás leyendo?

— ______(16) estoy leyendo ahora es *La tía Julia y el escribidor.* ¿La has leído?

— No, la única novela ______(17) he leído es *La guerra del fin del mundo.* ______(18) tengo muchas ganas de leer es *Conversación en la catedral.*

Nombre ______________________ Fecha ______________

Por *y* para

B ***¿Por* o *para*?** Complete con *por* o *para*.

1. Ellos salen hoy __________ Medellín.
2. Yo no pude ir, así que Carlota fue __________ mí.
3. Ellos querían dar un paseo __________ el Retiro.
4. Yo compré los regalos __________ Luisa pero son __________ Teresa.
5. Los niños corrieron __________ todas partes.
6. Estoy aquí __________ estudiar, no __________ divertirme.
7. __________ cubano, habla muy bien el inglés.
8. ¿Me puede decir cuándo sale el tren __________ Córdoba?
9. Si él no lo puede hacer, ¿lo puedes hacer __________ él?
10. Ellos estuvieron en las montañas __________ dos semanas, o sea, quince días.
11. __________ inglés, Keith habla muy bien el español.
12. Él me dio ciento cincuenta pesetas __________ un dólar.
13. __________ despacio que hable es imposible entenderlo.
14. __________ un joven, viaja mucho.
15. Esta bolsa es __________ mi madre.
16. No tengo mucha confianza en el correo ordinario. ¿Por qué no lo mandamos __________ correo aéreo?
17. El héroe luchó y murió __________ su patria.
18. Ellos tienen que terminar el trabajo __________ la semana que viene.
19. Ellos estarán aquí __________ Navidad o Año Nuevo.
20. __________ el día veinte y cinco tienen que estar en Almería.

Nombre ______________________ Fecha ______________

C ***¿Por o para?*** Escriba de nuevo con *por* o *para.*

1. Papá no podía asistir, así que yo fui *en lugar de* él.

   ____

2. Los chicos están corriendo *en* la calle.

   ____

3. Voy a la tienda *en busca de* frutas y legumbres.

   ____

4. Mis padres lo pagaron *en vez de* mí.

   ____

5. Subimos al tren *con destino a* Balboa.

   ____

6. *A pesar de que es* rico, no es generoso.

   ____

7. La ciudad fue destruida *a causa de* la guerra.

   ____

8. Me gusta mucho viajar *en* el Perú. Es un país muy interesante.

   ____

9. Estaremos en Barcelona *durante* siete días.

   ____

10. Éste es el avión *con destino a* Santiago.

   ____

Nombre ______________________________ Fecha ____________________

LITERATURA

UN DÍA DE ÉSTOS

Vocabulario

A **¿Qué es?** Identifique.

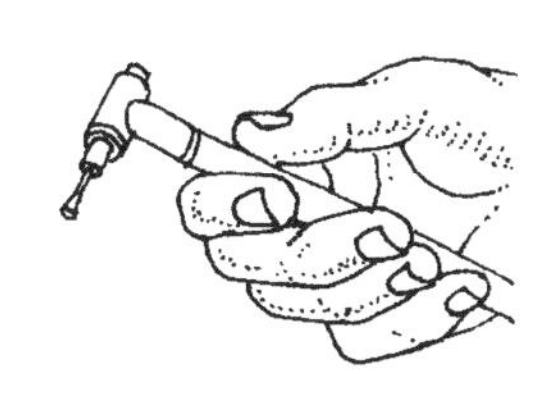

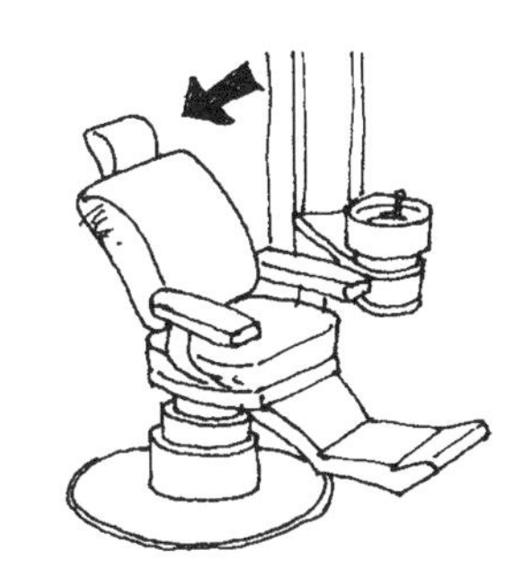

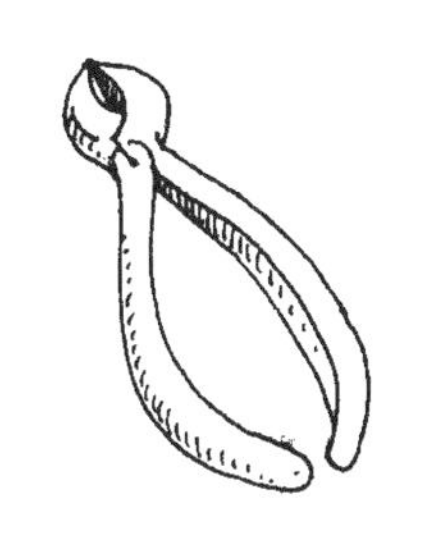

1. ____________________ 2. ____________________ 3. ____________________

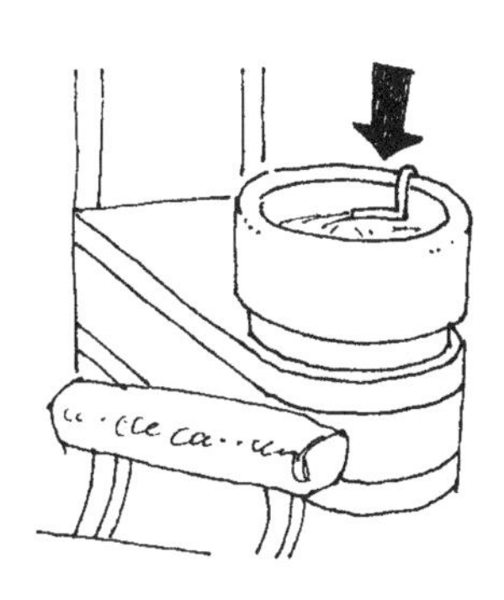

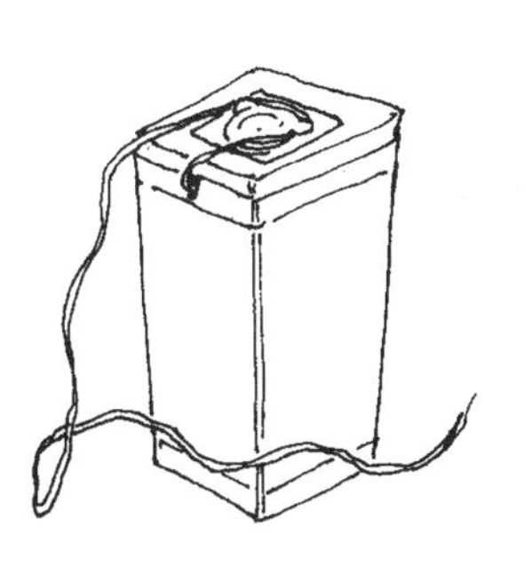

4. ____________________ 5. ____________________ 6. ____________________

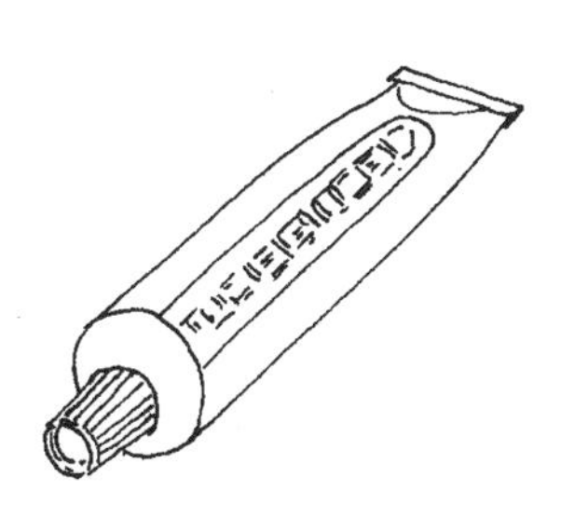

7. ____________________ 8. ____________________

Nombre ______________________ Fecha ______________

Comprensión

B **Gabriel García Márquez.** Dé la siguiente información sobre el autor.

1. lugar de nacimiento

____

2. fecha de nacimiento

____

3. estudios

____

4. profesiones

____

5. obra

____

6. premios literarios

____

C **El fondo histórico.** Explique el fondo histórico que hay que conocer para comprender este cuento de García Márquez.

____

____

____

____

D **Una consulta.** Describa la visita del alcalde con el dentista.

____

____

____

____

____

Nombre ______________________ Fecha ______________

LA TÍA JULIA Y EL ESCRIBIDOR

Vocabulario

A **¿Qué pasa?** Describa lo que está pasando en cada dibujo.

1. ______________________________
____
____

2. ______________________________
____
____

3. ______________________________
____
____

4. ______________________________
____
____

5. ______________________________

____

____

6. ______________________________

____

____

B **¿Qué es?** Identifique.

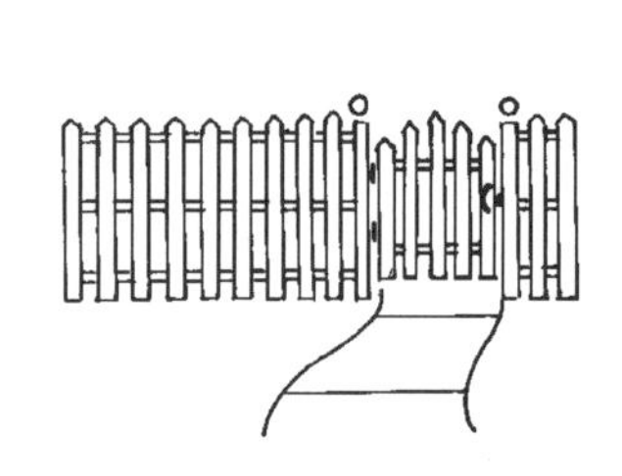

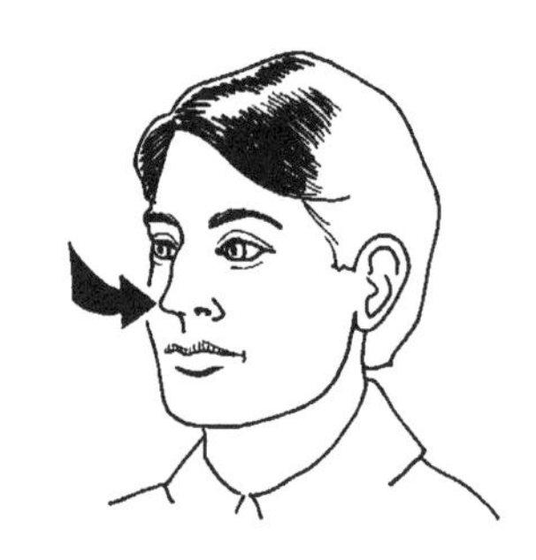

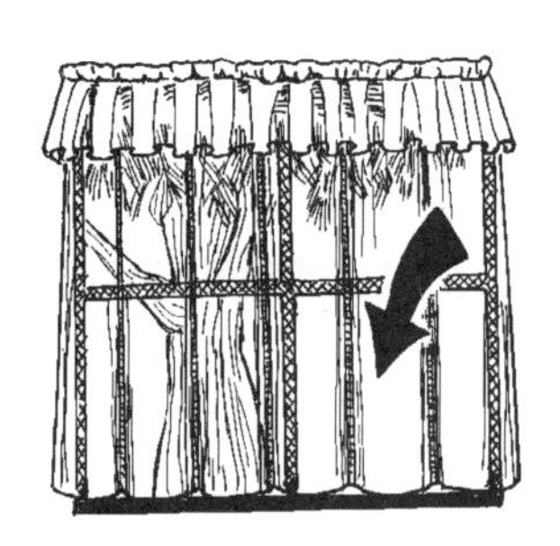

1. ______________ 2. ______________  3. ______________ 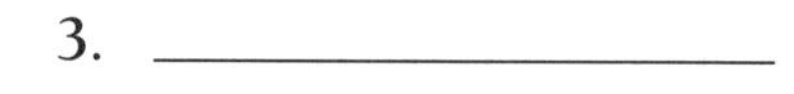

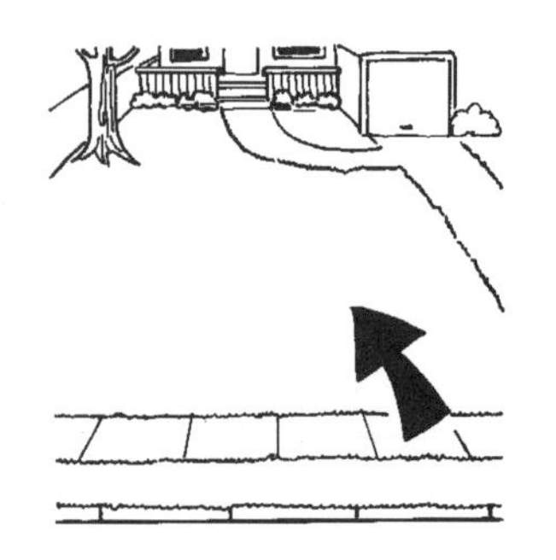

4. ______________ 5. ______________ 6. ______________

Nombre ______________________ Fecha ______________

C **Sinónimos.** Exprese de otra manera.

1. Es un buen *médico.*

2. *El que no tiene vista* no puede ver.

3. Él va a *cortar* los árboles.

4. Es una tarea *de todos los días.*

5. Le duele *el estómago.*

6. Es un señor *guapo y elegante.*

7. Es *delgado.*

Comprensión

D **Mario Vargas Llosa.** Dé los siguientes informes sobre el autor.

1. lugar de nacimiento

2. fecha de nacimiento

3. educación

4. premios

Nombre ____________________ Fecha ____________________

E ***La tía Julia y el escribidor.*** Escriba un resumen del trozo de la novela *La tía Julia y el escribidor.*

Nombre ______________________ Fecha ______________

UN POCO MÁS

A **Un anuncio.** Lea el siguiente anuncio.

Hidroterapia, Sauna,
Turco, Piscina,
Hidromasaje, Polar,
Gimnasio, Masajes,
Aeróbicos, Tae Kwon
Do, Cursos Antiestrés.

OASIS

Salud, bienestar y
buen servicio
Estrictas medidas
higiénicas
Control técnico
permanente
Servicio de bar
Música selecta

Ulloa 3315 y Rumipamba
Cerca al Colegio Borja N° 3
459473 - 459478
(315963)

B **Servicios ofrecidos.** Dé en inglés una lista de los servicios ofrecidos por Oasis.

Nombre ______________________ Fecha ______________

C **Las ciclistas ecuatorianas.** Lea el siguiente artículo que apareció en el periódico *El Comercio* de Quito.

Grata experiencia

Para las ciclistas ecuatorianas el panamericano del pedal ha sido un grato acontecimiento y un difícil reto. Pudieron haber llegado un poco más lejos en este torneo pero la corta preparación impidió ese anhelo.

Las pedalistas ecuatorianas compitieron en desventaja con relación a sus colegas de Estados Unidos, Cuba, México y Colombia.

Es que en el país recién se ha instaurado la práctica femenina en el ciclismo. Los Juegos Nacionales de Ambato fueron el abreboca para las competencias oficiales.

La guapa Katuska Largacha, nueva marca nacional en la velocidad con 13.454 (200 metros), dice que hay poca motivación a las ciclistas damas.

No obstante, Katuska piensa que dentro de poco Ecuador adquirirá nombre en el concierto internacional en pruebas de pista y ruta porque en el país hay numerosas practicantes al deporte del caballito de acero.

El equipo ecuatoriano presentó a cuatro deportistas en ruta y a dos en pista: Verónica Mosquera, Ketty Loja, Mayra Ríos y Patricia Llerena; en pista, en cambio, están en plena competencia Alexandra Erazo y Katuska Largacha.

La pedalista guayaquileña se preparó apenas tres semanas para el certamen continental. Sin embargo, se muestra satisfecha porque se entregó a fondo.

¿Siempre fue ciclista?

No. Me inicié en la natación a la edad de siete años, luego practiqué gimnasia olímpica, volibol y atletismo, en este deporte logré un campeonato nacional.

Entonces, ¿por qué se hizo ciclista?

Fue un asunto de novelería. Fue en la época de las bicicletas de montaña. Decidí practicar el ciclismo porque algo tiene que ver con el motocross, la velocidad pero con menos peligro.

Me empezó a gustar y los dirigentes de Guayas me dijeron que podiá competir en pista. Así fue e impuse una marca nacional en la velocidad en el velódromo del estadio Modelo con un tiempo de 13.620 y a esta marca la batí el martes último aquí.

Después del ciclismo, ¿qué?

Bueno hasta hace poco estudié publicidad. Soy egresada y pienso graduarme dentro de poco. Me gusta esa profesión y también el periodismo.

¿Cómo le ha ido en este panamericano?

Bastante bien. Una linda experiencia y creo que a partir de este torneo se debe impulsar más a la actividad ciclística femenina.

Los dirigentes del ciclismo deben mirar más hacia las damas con campeonatos locales, regionales y hasta internacionales.

Nombre ________________ Fecha ________________

D **Preguntas.** Conteste en inglés según el artículo.

1. Why are the female Ecuadorean cyclists at a disadvantage?

____

____

2. Why is Katuska optimistic?

____

____

3. Which sports did Katuska start with?

____

____

4. Why did she become a cyclist?

____

____

E **Los detalles.** Complete según el artículo.

1. La distancia que la Srta. Largacha puede cubrir en 13.454 segundos es de ________________ metros.
2. La otra joven que compite en pista con Largarcha es la Srta. ________________.
3. El primer deporte al que se dedicó Largacha fue la ________________.
4. Las dos profesiones que le interesan a la joven son la publicidad y el ________________.

F **¿Cómo se dice?** Busque las siguientes palabras en el artículo.

1. a cyclist ________________
2. a woman from Guayaquil ________________
3. world record ________________
4. directors of cycling ________________
5. official games ________________

Nombre ______________________ Fecha ______________

G **Los consejos.** Lea el siguiente artículo.

> **COMIDAS RAPIDAS**
> **Desayuno bien. Almuerzo una hamburguesa sin nada, y una ensalada en vez de papas fritas, y por la noche ceno pescado asado y una papa. Perfecto, ¿verdad? Pues no bajo ni un kilo.**
> Sospecho que la verdadera brecha por donde está colándosele el peso es la comida rápida que, según me cuenta, hace al mediodía. Por eso le recomiendo que, cuando pida una hamburguesa, prefiera de las que han sido preparadas a la llama, y no le añada nada absolutamente, o un poco de mostaza. Lo mismo con respecto a la ensalada. Es posible que, sin darse cuenta, al adobar la ensalada con alguno de esos envidiables sabores, esté ingiriendo buena cantidad de grasa. Acostúmbrese a comer la ensalada al natural, o si no, échele sólo aceite y un poco de limón... espero que me cuente los resultados.

H **Preguntas.** Conteste en inglés según el artículo.

1. Why does the dietician think the young man or woman is still not losing any weight?

____

____

2. What should he or she do? What is the advice of the dietician?

____

____

Nombre ______________________ Fecha ______________

RAÍCES

CULTURA

LA HERENCIA ETNOCULTURAL DE LOS HISPANOS

Vocabulario

A **¿Cuál es la palabra?** Dé la palabra cuya definición sigue.

1. los familiares de generaciones anteriores ______________________
2. la motivación, el deseo y estímulo para hacer algo ______________________
3. lo contrario de "empobrecerse" ______________________
4. el este ______________________
5. el oeste ______________________
6. la combinación de dos o más ______________________
7. adherentes del culto de Islam ______________________
8. una persona que no tiene la libertad, que trabaja para otro ______________________

B **¿Cuál es la palabra?** Complete.

1. Hay que hacer más ______________________ para salir bien. Es necesario ser un poco más ambicioso.
2. El gobierno tiene que establecer y seguir una ______________________ económica y social.
3. Los ciudadanos tienen que agruparse (unirse) y demandar con una sola ______________________.
4. Hay que castigar de una manera severa a los ______________________ en drogas.
5. El ______________________ o abuso de los niños es un problema social serio.
6. Él tiene un buen ______________________ de la historia de Roma y Grecia. La ______________________ le interesa mucho.

Nombre ______________________________ Fecha ________________

C **Palabras relacionadas.** Paree.

1. ______	conocer	a.	el esfuerzo
2. ______	ascender	b.	el maltrato
3. ______	mezclar	c.	el conocimiento
4. ______	esforzar	d.	el enriquecimiento
5. ______	expulsar	e.	la ascendencia
6. ______	maltratar	f.	occidental
7. ______	el occidente	g.	la mezcla
8. ______	enriquecer	h.	la expulsión

Comprensión

D **La herencia etnocultural hispana.** Describa en una o dos frases.

1. los árabes en España

____

2. 1492

____

3. Fernando e Isabel

____

4. Maimónides

____

5. los indígenas

____

6. los mestizos

____

7. Fray Bartolomé de las Casas

____

8. los traficantes en esclavos

____

9. los mulatos

____

Nombre ______________________________ Fecha ______________

CONVERSACIÓN

LAS LENGUAS INDÍGENAS

A **¿Cuál es la palabra?** Complete con una palabra apropiada.

1. En las zonas remotas tienen que enseñarles a leer y a escribir a los adultos. Los tienen que ____________________.
2. Los indígenas de las zonas remotas del altiplano no viven en residencias lujosas. Tienen ____________________.
3. Es necesario entrenar a los que van a trabajar con el Cuerpo de Paz. Su ____________________ es muy importante.
4. El ____________________ es el que trata de dominar o subyugar a un grupo.
5. Ellos tienen que aceptar el poder del gobierno, es decir que lo tienen que ____________________.
6. Hoy en día hay un gran resurgimiento de interés en los grupos ____________________, o sea, en las culturas indígenas.

B **(No) me interesaría.** ¿Le interesaría pasar uno o dos años trabajando como voluntario con el Cuerpo de Paz? Explique por qué o por qué no.

____

____

____

____

____

C **¿Qué país?** Si a Ud. le gustaría trabajar con el Cuerpo de Paz, ¿en qué país quisiera trabajar? ¿Por qué?

____

____

____

____

____

Nombre ____________________ Fecha ____________________

LENGUAJE

A **¿Qué significa?** Explique en español el significado de lo siguiente.

1. No poner en primer término el "yo" y los propios problemas o cuestiones que sólo a nosotros pueden interesar.

____
____
____
____

2. Hay que decir lo que se piensa, pero se debe pensar en lo que se dice.

____
____
____
____

B **¿Cómo se puede?** El que habla debe dar la sensación de que quien escucha es un personaje importante para él. ¿Cómo puede uno dar esta sensación? Explique.

____
____
____
____
____
____
____
____

Nombre ______________________ Fecha ______________

ESTRUCTURA I

Los tiempos progresivos

A **Preguntas personales.** Conteste.

1. En este momento, ¿qué estás haciendo?

____

2. ¿Y qué están haciendo los otros miembros de tu familia?

____

3. Ayer a la misma hora, ¿qué estabas haciendo?

____

4. ¿Qué estaba haciendo tu amigo(a)?

____

B **Un vuelo.** Escriba cada oración en el presente progresivo.

1. El agente habla con uno de los pasajeros.

____

2. Le dice de qué puerta va a salir su vuelo.

____

3. Otro pasajero factura su equipaje.

____

4. Yo hago cola y espero.

____

5. El asistente de vuelo lee los reglamentos de seguridad.

____

6. Un pasajero le pide algo a la asistenta de vuelo.

____

7. Ella le trae un periódico.

____

8. Los asistentes de vuelo sirven la comida.

______

9. Nosotros, los pasajeros, comemos.

______

10. Un asistente de vuelo distribuye los audífonos.

______

11. Yo veo la película.

______

12. Mi mujer escucha la música estereofónica.

______

Los adverbios que terminan en –mente

C **Preguntas personales.** Conteste según se indica.

1. ¿Cómo habla el profesor para que todos comprendan? (claro)

______

2. ¿Cómo anda el viejecito? (cuidadoso/lento)

______

3. ¿Cómo desapareció la señora? (misterioso)

______

4. ¿Cómo se lo dice el señor? (discreto)

______

5. ¿Cómo se portó la niña? (horrible)

______

Nombre ______________________ Fecha ______________

PERIODISMO

LOS MAYAS: *¿Qué pasó realmente con la civilización maya?*

Vocabulario

A **El mismo mensaje.** Paree.

1. ______ Es una cultura que tiene su auge en el siglo V d. de C.
2. ______ Era un rey muy cruel.
3. ______ Él tiene la costumbre de dar énfasis a los puntos más importantes.
4. ______ Yo le dije que me lo señalara.
5. ______ Es una labor que cansa.
6. ______ Hay que tener un gol.

a. Hay que tener una meta.
b. Era un soberano tiránico.
c. Yo le pedí que me lo indicara.
d. Es una tarea que lo pone cansado.
e. Es una cultura cuyo apogeo fue en el siglo V d. de C.
f. Él suele enfatizar lo importante.

Comprensión

B **Descifrando un enigma.** Explique lo que es el enigma, de qué enigma se trata el artículo.

____

____

____

____

____

____

C **Cosas interesantes.** ¿Cuáles son los puntos más interesantes que Ud. aprendió al leer este artículo sobre los mayas?

____

____

____

____

____

____

Nombre ______________________ Fecha ______________

UNAS CARTAS

Opiniones. Escriba un párrafo sobre la importancia de la alfabetización. Indique cómo Ud. cree que sería su vida si no supiera ni leer ni escribir.

LOS JUDÍOS EN EL CARIBE: *Los Judíos Españoles y Portugueses en la Zona del Caribe*

Vocabulario

A **Frases originales.** Escriba una frase con cada palabra.

1. la sinagoga

2. el rabino

3. los judíos

4. perseguir

Nombre ______________________ Fecha ______________

Comprensión

B **Datos.** Busque la siguiente información en el artículo en su libro de texto.

1. año en que los judíos fueron expulsados de España ______________
2. número de judíos que salieron de España ______________
3. país adonde fueron la mayoría de ellos ______________
4. quiénes eran los "Nuevos Cristianos" ______________
5. otro nombre que se les daba a los "Nuevos Cristianos"
____
6. ciudades donde algunos "Nuevos Cristianos" encontraron refugio
____
7. el sentido en que fueron pioneros los primeros judíos que llegaron al Caribe
____
8. los rabinos en el Caribe ______________
____
9. el rol de los judíos durante las guerras de independencia ______________
____

Nombre ______________________ Fecha ______________

ESTRUCTURA II

La voz pasiva

A **Titulares.** Escriba los siguientes titulares en la voz activa.

1. Tropas estadounidenses enviadas a Bolivia

   ____

2. Guerra contra las drogas declarada por EE.UU.

   ____

3. *Presidente argentino (fue) recibido por el presidente filipino en Manila*

   ____

   ____

4. **Niño de cinco años atropellado por automóvil**

   ____

5. *Diez monjas carmelitas (fueron) liberadas ayer por sus secuestradores en Filipinas*

   ____

6. Nueva ley de inmigrantes aprobada en Francia

   ____

7. *Uruguayo entregado por extradición a Dinamarca por un robo*

   ____

   ____

8. *Camión arrollado por un tren—120 heridos*

   ____

Nombre ______________________________ Fecha ____________________

La voz pasiva con **se**

B **Arroz y habichuelas.** Escriba la receta cambiando el imperativo en *se*.

1. Abra Ud. una lata de habichuelas negras.
   ____
2. Ponga las habichuelas en una cacerola.
   ____
3. Eche una cucharadita de vinagre en la cacerola.
   ____
4. Cocine a fuego lento.
   ____
5. Aparte, llene una cacerola de agua; hierva el agua.
   ____
6. Ponga una taza de arroz en el agua hirviente.
   ____
7. Lleve el agua a la ebullición una vez más.
   ____
8. Agregue sal y pimienta.
   ____
9. Cueza a fuego lento hasta que el arroz esté listo.
   ____
10. Sirva el arroz con las habichuelas.
    ____
11. Taje o corte en pedazos una cebolla.
    ____
12. Ponga las cebollas tajadas encima del arroz y habichuelas y sirva.
    ____

Nombre ______________________ Fecha ______________

Los verbos que terminan en –uir

C **Yo.** Escriba las frases en el presente cambiando *nosotros* en *yo.*

1. Contribuimos mucho dinero.

   ____

2. No destruimos nada.

   ____

3. Distribuimos las mercancías.

   ____

4. Incluimos los impuestos en el precio.

   ____

D **Él.** Escriba las frases del Ejercicio C en el pretérito cambiando *nosotros* en *él.*

1. Contribuimos mucho dinero.

   ____

2. No destruimos nada.

   ____

3. Distribuimos las mercancías.

   ____

4. Incluimos los impuestos en el precio.

   ____

Nombre ____________________ Fecha ____________

E **Una "i griega" importante.** Complete.

1. Yo me caí y él ____________ también.
2. Ellos lo leyeron y yo lo ____________ también.
3. Uds. lo destruyeron y nosotros lo ____________ también.
4. Él lo oyó y yo lo ____________ también.

***La forma exhortativa con* nosotros**

F **¡Vamos!** Escriba las frases según el modelo.

Vamos a acostarnos.
¡Buena idea! ¡Acostémonos!

1. Vamos a jugar.
   ____
2. Vamos a preparar una merienda.
   ____
3. Vamos a salir.
   ____
4. Vamos a ir a la playa.
   ____
5. Vamos a sentarnos en la arena.
   ____
6. Vamos a levantarnos.
   ____
7. Vamos a nadar.
   ____

Nombre ______________________ Fecha ______________

LITERATURA

LA BOMBA

A **La batalla oral.** Explique en español lo que es "la batalla oral".

____

____

____

____

____

B **La bomba.** Escriba en español una definición de "la bomba".

____

____

____

____

____

C **Originalidad.** Escriba dos versos de su propia bomba.

____

____

____

____

____

____

____

____

____

____

Nombre ______________________________ Fecha ______________

BÚCATE PLATA

A **Nicolás Guillén.** Dé algunos datos sobre la vida de Nicolás Guillén.

____

____

____

____

____

____

____

____

B **Una letra suprimida.** Mire la lista de varias palabras que se encuentran en el poema "Búcate plata". ¿Cuál es un sonido que se aspira o que se suprime frecuentemente en el habla antillana, es decir, en la República Dominicana, Cuba y Puerto Rico?

búcate   má   etoy   etá   depué

____

C **¿Cómo se escribe?** Escriba las siguientes palabras como Ud. las ha aprendido.

1. búcate ______________________________
2. má ______________________________
3. etoy ______________________________
4. na má ______________________________
5. etá ______________________________
6. tó ______________________________
7. reló ______________________________
8. despué ______________________________

Nombre _______________ Fecha _______________

EL PRENDIMIENTO DE ANTOÑITO EL CAMBORIO EN EL CAMINO DE SEVILLA

A **Preguntas.** Conteste.

1. ¿Quién escribió "El prendimiento de Antoñito el Camborio en el camino de Sevilla"?

____

2. ¿Qué tipo de poema es "El prendimiento de Antoñito el Camborio en el camino de Sevilla"?

____

3. ¿De dónde era el poeta?

____

4. ¿De qué raza o grupo étnico es Antoñito?

____

5. ¿Cuál es la diferencia entre los gitanos de España y los de los otros países de Europa?

____

6. ¿Cuál es el idioma de los gitanos españoles?

____

7. ¿De qué han sufrido los gitanos?

____

8. ¿De qué les suelen acusar?

____

9. ¿De qué tienen fama los gitanos españoles?

____

10. ¿Qué es la Guardia civil española?

____

Nombre ______________________ Fecha ______________

B **Notas biográficas.** Dé la siguiente información sobre la vida de Federico García Lorca.

1. nacimiento

____

____

2. muerte

____

____

3. datos personales

____

____

4. obra literaria

____

____

C **Análisis.** Después de haber leído el romance "El prendimiento de Antoñito el Camborio en el camino de Sevilla", dé su opinión.

¿Dónde residen las simpatías del autor? ¿Residen con el gitano o con los guardias civiles? Explique por qué y defienda sus opiniones con ejemplos.

____

____

____

____

____

____

Nombre ______________________ Fecha ______________

¡QUIÉN SABE!

A **Notas biográficas.** Dé la siguiente información sobre la vida de José Santos Chocano.

1. nacimiento

____

____

2. muerte

____

____

3. datos personales

____

____

4. obra literaria

____

____

B **¿Qué significa?** En las venas de José Santos Chocano corría sangre india y española. Una de sus abuelas descendía de un gran capitán español y la otra de una familia inca. Una persona de sangre india y blanca es un mestizo. En un diccionario español, busque el significado de los siguientes términos.

1. el criollo

____

2. el mulato

____

3. el euroasiático

____

C **Sus poesías.** En sus poemas "Blasón" y "Avatar" Santos Chocano habla de su mestizaje. Lea los siguientes trozos de estos poemas en los cuales el poeta se refiere a su mestizaje.

Blasón

La sangre española e incaica es el latido;
y de no ser Poeta, ¡quizás yo hubiese sido
un blanco Aventurero o un indio Emperador!

Avatar

Cuatro veces he nacido, cuatro veces he encarnado;
soy de América dos veces y dos veces español.
Si poeta soy ahora, fui Virrey en el pasado,
Capitán por las conquistas y Monarca por el Sol.

D **La herencia.** Indique si Santos Chocano se refiere a su herencia india o española.

1. Yo hubiese sido Aventurero. _______________
2. Yo hubiese sido Emperador. _______________
3. Soy de América. _______________
4. Fui Virrey. _______________
5. Fui Capitán por las conquistas. _______________
6. Fui Monarca por el Sol. _______________

E **Adivinanzas.** ¿Cuál es el significado de "Monarca por el Sol"?

____

____

____

____

____

____

Nombre ______________________ Fecha ______________

UN POCO MÁS

A **Los negros en la América Latina.** Lea.

En 1502 llegaron los primeros esclavos a La Española, isla que hoy está dividida entre Haití y la República Dominicana. Vinieron los esclavos negros para sustituir a los indios que no podían resistir los trabajos forzados en las minas. Los trajeron los españoles, los ingleses y los holandeses que traficaban en carne humana.

Hoy día hay muchos negros y mulatos, personas de sangre blanca y negra, en las Antillas, en el norte de la América del Sur, en el Brasil, en varias regiones de la costa occidental del continente sudamericano, en Panamá y en la costa del Caribe de los países centroamericanos. A través de los siglos ha habido mucha transculturación entre la población negra y criolla de estas regiones. No obstante la herencia africana se nota sobre todo en la comida, el folklore, los bailes, la música y las costumbres.

La literatura afroamericana es esencialmente poesía social, una poesía de contrastes y asimilaciones de culturas: la blanca, la negra y la mulata. Algunos temas de esta poesía son el drama de la esclavitud, el conflicto de sangres en el mulato y la descripción de danzas, instrumentos musicales, cantos populares y ceremonias religiosas.

B **Preguntas.** Conteste según la información en el Ejercicio A.

1. ¿En qué año y adónde llegaron los primeros esclavos a este continente?

   ____

2. ¿Para qué vinieron los esclavos negros?

   ____

3. ¿Quiénes los trajeron?

   ____

4. ¿Qué son mulatos? ¿Dónde en la América Latina hay muchos negros y mulatos hoy?

   ____

   ____

5. ¿En qué se nota la herencia africana en estas regiones?

   ____

6. ¿En qué consiste la mayor parte de la literatura afroamericana?

   ____

7. ¿Cuáles son algunos temas que aparecen en la poesía afroamericana?

   ____

   ____

Nombre ____________________ Fecha ____________________

C **Rigoberta Menchú.** Lea.

Rigoberta Menchú, la ganadora del Premio Nobel de Paz en 1992, pertenece a la etnia Quiché, una de las 22 etnias que viven en Guatemala. Ella nació en San Miguel Uspantán, El Quiché, Guatemala, en 1962. Aprendió el castellano de adulta sin la ayuda de maestros ni libros. Lo aprendió porque quería anunciar algo al mundo. Quería que todos aprendiéramos algo sobre la cultura de su gente y que supiéramos de la opresión y de los sufrimientos de su gente. "Es la historia de los más humillados entre los humillados"—dice Elizabeth Burgos en la introducción de su libro *Me llamo Rigoberta Menchú y así me nació la conciencia.*

Me llamo Rigoberta Menchú es una biografía escrita por Elizabeth Burgos, de nacionalidad francesa y venezolana. La biografía está basada en una serie de entrevistas que tuvo la señora Burgos con Rigoberta Menchú. Cuando Rigoberta dice, "Me llamo Rigoberta Menchú" se escucha en esta sola frase la voz de todo un pueblo indígena—de un pueblo que ha decidido liberarse.

D **Me llamo Rigoberta Menchú.** Lea este trozo del Capítulo X de la biografía de Rigoberta Menchú.

Entonces también desde niños recibimos una educación diferente de la que tienen los blancos, los ladinos. Nosotros, los indígenas, tenemos más contacto con la naturaleza. Por eso, nos dicen politeístas. Pero, sin embargo, no somos politeístas... o, si lo somos, sería bueno, porque es nuestra cultura, nuestras costumbres. De que nosotros adoramos, no es que adoremos, sino que respetamos una serie de cosas de la naturaleza. Las cosas más importantes para nosotros. Por ejemplo, el agua es algo sagrado. La explicación que nos dan nuestros padres desde niños es que no hay que desperdiciar el agua, aunque haya. El agua es algo puro, es algo limpio y es algo que da vida al hombre. Sin el agua no se puede vivir, tampoco hubieran podido vivir nuestros antepasados. Entonces, el agua la tenemos como algo sagrado y eso está en la mente desde niños y nunca se le quita a uno de pensar que el agua es algo puro. Tenemos la tierra. Nuestros padres nos dicen: "Hijos, la tierra es la madre del hombre porque es la que da de comer al hombre". Y más, nosotros que nos basamos en el cultivo, porque nosotros los indígenas comemos maíz, frijol y yerbas del campo y no sabemos comer, por ejemplo, jamón o queso, cosas compuestas con aparatos, con máquinas. Entonces, se considera que la tierra es la madre del hombre. Y de hecho nuestros padres nos enseñan a respetar esa tierra. Sólo se puede herir la tierra cuando hay necesidad. Esa concepción hace que antes de sembrar nuestra milpa, tenemos que pedirle permiso a la tierra.

Existe el pom, el copal, es el elemento sagrado para el indígena, para expresar el sentimiento ante la tierra, para que la tierra se pueda cultivar.

El copal es una goma que da un árbol y esa goma tiene un olor como incienso. Entonces se quema y da un olor bastante fuerte. Un humo con un olor muy sabroso, muy rico. Cuando se pide permiso a la tierra, antes de cultivarla, se hace una ceremonia. Nosotros nos basamos mucho en la candela, el agua, la cal. En primer lugar se le pone una candela al representante de la tierra, del agua, del maíz, que es la comida del hombre. Se considera, según los antepasados, que nosotros los indígenas estamos hechos de maíz. Estamos hechos del maíz blanco y del maíz amarillo, según nuestros antepasados. Entonces, eso se toma en cuenta. Y luego la candela, que representa al hombre como un hijo de la naturaleza, del universo. Entonces, se ponen estas candelas y se unen todos los miembros de la familia a rezar. Más que todo pidiendo permiso a la tierra, que dé una buena cosecha. También se reza a nuestros antepasados, mencionándoles sus oraciones, que hace tiempo, hace mucho tiempo, existen.

Nombre ______________________ Fecha ______________

E **Preguntas.** Conteste según la biografía.

1. ¿Quiénes son los ladinos?

____

2. ¿Con qué tienen más contacto los indígenas?

____

3. ¿Qué es una politeísta?

____

4. ¿Cómo es el agua para los indígenas?

____

5. ¿Por qué? ¿Qué le da a uno el agua?

____

6. ¿Quiénes no hubieran podido vivir sin el agua?

____

7. ¿Por qué dicen los padres que la tierra es la madre del hombre?

____

8. ¿Qué comen los indígenas?

____

9. ¿Qué no saben comer?

____

Nombre ______________________ Fecha ______________

F **¿Qué dice Rigoberta Menchú?** Explique en inglés.

1. Rigoberta Menchú says something very interesting about corn. What does she say?

___

___

___

2. Rigoberta Menchú speaks of a ceremony. What is the ceremony for? What do the people do? Why?

___

___

___

G **Un poco de filosofía.** Nosotros también decimos con frecuencia "la madre tierra". ¿Por qué? Comente en español.

___

___

___

___

___

___

___

___

Nombre ______________________ Fecha ______________

H **Sobre África.** Lea.

ADALBERTO ORTIZ

Adalberto Ortiz (1914–   ) nació en el Ecuador, un país que étnicamente se divide en dos regiones completamente diferentes. En el altiplano viven los criollos y los indios serranos; en la costa tropical y húmeda del Pacífico viven los criollos y los negros, los mulatos y los zambos, personas de sangre negra e india. El tema dominante de las novelas y poesías de Ortiz es la raza negra y sus mezclas con indios y blancos. En su poema «Contribución» expresa la triste condición sufrida por su raza a pesar de sus contribuciones a las sociedades del Nuevo Mundo.

CONTRIBUCIÓN

África, África, África,
tierra grande, verde y sol
en largas filas de mástiles[1]
esclavos negros mandó.
Qué trágica fue la brújula[2]
que nuestra ruta guió.
Qué amargos[3] fueron los dátiles[4]
que nuestra boca encontró.
Siempre han partido[5] los látigos[6]
nuestra espalda[7] de Cascol[8]
y con nuestras manos ágiles
tocamos guasa[9] y bongó.[10]
Sacuden[11] sus sones bárbaros
a los blancos, a los de hoy,
invade la sangre cálida
de la raza de color,
porque el alma, la de África
que encadenada[12] llegó
a esta tierra de América
canela y candela[13] dio.

[1]**mástiles** *masts of ships* [2]**brújula** *compass* [3]**amargos** *bitter*
[4]**dátiles** *dates* [5]**han partido** *broke, cracked* [6]**látigos** *whips*
[7]**espalda** *back* [8]**Cascol** *resin of a tree from Guiana used to make a black wax*
[9]**guasa** *type of music* [10]**bongó** *small drum* [11]**Sacuden** *Shake, Jolt*
[12]**encadenada** *in chains* [13]**canela y candela** *spice and fire*

Nombre ______________________ Fecha ______________

I **Preguntas.** Conteste.

1. ¿Cómo describe el poeta a África?

2. ¿Qué simbolizará el color verde?

3. ¿Qué simbolizará el sol?

4. ¿Qué se veía en alta mar?

5. ¿Quiénes estaban a bordo?

6. ¿Quién los mandó?

7. ¿Qué guió la ruta de los esclavos?

8. ¿Cómo fue?

9. ¿Qué simbolizarán los dátiles amargos?

10. ¿Qué hicieron los látigos de los dueños de los esclavos?

11. ¿Cuál es la hipérbole que emplea el poeta para describir el color de la piel?

12. ¿Qué tipo de música tocaban los negros?

13. ¿Qué contribución le trajo el negro a esta tierra de América?

STUDENT TAPE MANUAL

STUDENT TAPE MANUAL

CONTENIDO

CANCIONES

The following selections can be heard on the Song Cassette located in the Glencoe Spanish, Level 3, Audio Cassette binder.

Las mañanitas
Éstas son las mañanitas,
Que cantaba el rey David,
Pero no eran tan bonitas,
Como las cantan aquí.

Despierta, mi bien, despierta,
Mira que ya amaneció.
Ya los pajarillos cantan,
La luna ya se metió.

Cielito lindo
Ese lunar que tienes, cielito lindo,
Junto a la boca,
No se lo des a nadie, cielito lindo,
Que a mí me toca.

Ay, ay, ay, ay,
Canta y no llores,
Porque cantando,
Se alegran cielito lindo,
Los corazones.

De colores
De colores, de colores
Se visten los campos en la primavera,
De colores, de colores
Son los pajarillos que vienen de fuera,
De colores, de colores es el arco iris
Que vemos lucir,
Y por eso los grandes amores
De muchos colores me gustan a mí,
Y por eso los grandes amores
De muchos colores me gustan a mí.

Guantanamera
Yo soy un hombre sincero,
De donde crece la palma.
Yo soy un hombre sincero,
De donde crece la palma,
Y antes de morirme quiero,
Echar mis versos del alma.

Guantanamera, guajira, Guantanamera,
Guantanamera, guajira, Guantanamera.

Mi verso es de un verde claro,
Y de un carmín encendido,
Mi verso es de un verde claro,
Y de un carmín encendido,
Mi verso es un ciervo herido,
Que busca en el monte amparo.

Guantanamera, guajira, Guantanamera,
Guantanamera, guajira, Guantanamera.

Eres tú
Como una promesa eres tú, eres tú,
Como una mañana de verano,
Como una sonrisa eres tú, eres tú.
Así, así, eres tú.

Toda mi esperanza eres tú, eres tú,
Como una lluvia fresca de mis manos,
Como fuerte brisa eres tú, eres tú,
Así, así, eres tú.

Eres tú como el agua de mi fuente,
Eres tú el fuego de mi hogar.

Como mi poema eres tú, eres tú,
Como una guitarra en la noche,
Como mi horizonte eres tú, eres tú,
Así, así, eres tú.

Como una promesa eres tú, eres tú,
etc.

San Fermín
Uno de enero, dos de febrero,
Tres de marzo, cuatro de abril,
Cinco de mayo, seis de junio,
Siete de julio, ¡San Fermín!

Me he de comer esa tuna
Guadalajara en un llano
México en una laguna,
Guadalajara en un llano
México en una laguna.
Me he de comer esa tuna,
Me he de comer esa tuna,
Me he de comer esa tuna,
Aunque me espine la mano.

Dicen que soy hombre malo
Malo y mal averiguado.
Dicen que soy hombre malo
Malo y mal averiguado.
Porque me comí un durazno,
Porque me comí un durazno,
Porque me comí un durazno,
De corazón colorado.

El águila siendo animal
Se retrató en el dinero.
El águila siendo animal
Se retrató en el dinero.
Para subir al nopal,
Para subir al nopal,
Para subir al nopal,
Pidió permiso primero.

Quizás, quizás, quizás
Siempre que te pregunto,
Que cuándo, cómo y dónde,
Tú siempre me respondes,
quizás, quizás, quizás...
Y así pasan los días,
Y yo desesperando,
Y tú, tú contestando,
quizás, quizás, quizás...
Estás perdiendo el tiempo,
Pensando, pensando,
Por lo que tú más quieras
Hasta cuándo,
Hasta cuándo...
Y así pasan los días,
Y yo desesperando,
Y tú, tú contestando,
quizás, quizás, quizás.

La última noche
La última noche que pasé contigo,
La llevo guardada como fiel testigo,
De aquellos momentos en que fuiste mía
Y hoy quiero borrarla de mi ser...
La última noche que pasé contigo
Quisiera olvidarla pero no he podido,
La última noche que pasé contigo,
Tengo que olvidarla de mi ayer...
¿Por qué te fuiste,
Aquella noche,
Por qué te fuiste,
Sin regresar?
Y me dejaste,
Aquella noche,
Como recuerdo
De tu traición...
La última noche que pasé contigo,
La llevo guardada como fiel testigo,
De aquellos momentos en que fuiste mía.
Y hoy quiero borrarla de mi ser.
Y hoy quiero borrarla de mi ser.

El reloj
Reloj, no marques las horas,
Porque voy a enloquecer,
Ella se irá para siempre,
Cuando amanezca otra vez.
No más nos queda esta noche,
Para vivir nuestro amor,
Y su tic-toc me recuerda
Mi irremediable dolor.
Reloj, detén tu camino,
Porque mi vida se apaga,
Ella es la estrella que alumbra mi ser,
Yo sin su amor no soy nada.
Detén el tiempo en tus manos,
Haz esta noche perpetua,
Para que nunca se vaya de mí.
Para que nunca amanezca.
Para que nunca amanezca.
Para que nunca amanezca.

Canción mixteca
Qué lejos estoy del suelo donde he nacido,
Inmensa nostalgia invade mi pensamiento,
Y al verme tan solo y triste cual hoja al viento,
Quisiera llorar, quisiera morir
de sentimiento. *(Repite)*

¡O tierra del sol!
suspiro por verte,
Ahora qué lejos
yo vivo sin luz, sin amor,
Y al verme tan solo y triste cual hoja al viento,
Quisiera llorar, quisiera morir
de sentimiento.

El quelite
Qué bonito es el quelite
Bien haya quien lo sembró,
Que por sus orillas tiene
De quien acordarme yo.

Mañana me voy, mañana,
Mañana me voy de aquí.
Y el consuelo que me queda,
Que se han de acordar de mí.

Camino de San Ignacio
Me dio sueño y me dormí.
Y me despertó un gallito
Cantando quiquiriquí.

Mañana me voy, mañana,
Me voy por el nacional,
Adiós muchachas bonitas,
De esta hermosa capital.

Nombre ______________________ Fecha ______________

LOS VIAJES

CULTURA

LUGARES DE INTERÉS TURÍSTICO

Vocabulario

Actividad A Definiciones y sinónimos. Escuche y escoja.

a. la calzada **c.** Gales **e.** el cerro **g.** acudir a
b. manso **d.** la represa **f.** abajo **h.** estrecho

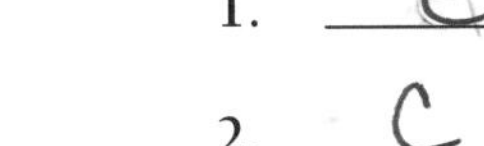

1. e
2. c
3. d
4. a
5. b
6. f
7. h
8. g

Actividad B Escuche y escoja.

1. a b c
2. a b c
3. a b c
4. a b c
5. a b c
6. a b c

Nombre ______________________________ Fecha ____________________

Actividad C Escuche y escoja.

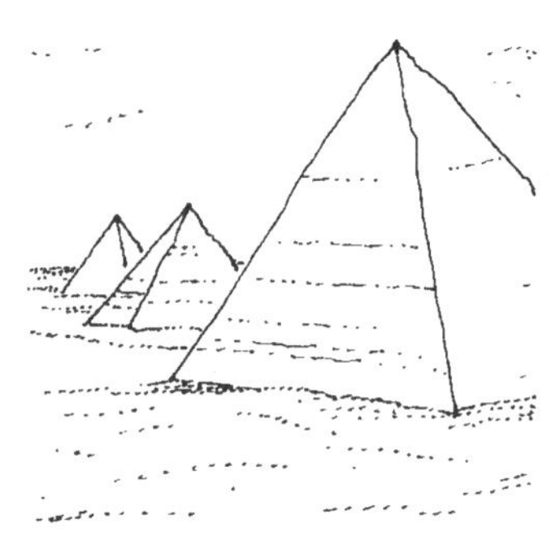

_________ _________ _________

_________ _________

Comprensión

Actividad D Escuche y escoja.

1. **a.** Machu Picchu **b.** la Costa del Sol **c.** Puerto Rico
2. **a.** Machu Picchu **b.** la Costa del Sol **c.** Puerto Rico
3. **a.** Tikal **b.** la Península Valdés **c.** Viña del Mar
4. **a.** Tikal **b.** la Península Valdés **c.** Viña del Mar
5. **a.** Tikal **b.** la Península Valdés **c.** Viña del Mar

Nombre ______________________ Fecha ______________

Actividad E El agente de viajes. Escuche y escoja.

a. Marbella **c.** Rincón **e.** Copán **g.** Punta Tombo
b. Cancún **d.** Teotihuacán **f.** Machu Picchu

1. ________ 5. ________
2. ________ 6. ________
3. ________ 7. ________
4. ________

CONVERSACIÓN

UN VUELO ANULADO

Vocabulario

Actividad A ¿De qué hablan? Escuche y escoja.

a. el monto **c.** la autopista **e.** el embotellamiento
b. el taxímetro **d.** la parada de taxis

1. ________
2. ________
3. ________
4. ________
5. ________

Actividad B Definiciones. Escuche y escoja.

a. la demora **c.** la terminal **e.** pronosticar
b. reembolsar **d.** deducir

1. ________
2. ________
3. ________
4. ________
5. ________

Nombre ______________________________ Fecha ____________________

Actividad C Describa.

Comprensión

Actividad D En el aeropuerto. Escuche.

Actividad E ¿Sí o no? Escuche y escoja.

1. sí no	4. sí no	7. sí no
2. sí no	5. sí no	8. sí no
3. sí no	6. sí no	9. sí no

Actividad F En el taxi. Escuche.

Actividad G Escuche y escoja.

1. a b
2. a b
3. a b
4. a b
5. a b

Nombre ______________________ Fecha ______________

Actividad H En la estación de ferrocarril. Escuche.

Actividad I Escuche y escoja.

1. a b c
2. a b c
3. a b c
4. a b c
5. a b c

LENGUAJE

Actividad A Ud. quiere saber. Pregunte cortésmente.

1. dónde está el correo
2. la hora del concierto
3. cuándo sale el avión para Santiago
4. la hora

Actividad B Ud. quiere saber el precio. Pregunte cortésmente.

1. sellos para postales a los EE.UU.
2. una blusa de seda
3. un billete de ida y vuelta para El AVE
4. manzanas
5. el taxi del aeropuerto al centro

Actividad C Ud. no sabe. Conteste cortésmente.

Nombre ______________________ Fecha ______________

ESTRUCTURA I

Actividad A Escuche y conteste.

1. Chile
2. no
3. avión
4. esquiar
5. dos semanas
6. gustar mucho
7. nada

Actividad B Escuche. Conteste con *no*.

Actividad C Lo que pasó ayer. Diga.

1.

2.

3.

4.

5.

Nombre ______________________ Fecha ______________

PERIODISMO

SAN ÁNGEL: *San Ángel: un oasis capitalino*

Vocabulario

Actividad A Escuche y escoja.

1. a b c
2. a b c
3. a b c
4. a b c
5. a b c

Actividad B Definiciones. Escuche y escoja.

a. el arete
b. el dibujo
c. el trayecto
d. disfrutar
e. los comensales
f. el juguete
g. las miniaturas

1. ________
2. ________
3. ________
4. ________
5. ________
6. ________
7. ________

Comprensión

Actividad C En un mercado o bazar. Escuche y escoja.

____

____

____

____

____

____

Actividad D Escuche y conteste.

Nombre ______________________________ Fecha ____________________

EL AVE: *AVE: De Madrid a Sevilla en menos de tres horas y por 6.000 pesetas*

Vocabulario

Actividad A Escuche y escoja.

1. a b c
2. a b c
3. a b c
4. a b c

Comprensión

Actividad B Escuche y conteste.

EL TIEMPO

Vocabulario

Actividad A Definiciones. Escuche y escoja.

a. el aguacero **c.** el huracán **e.** la nieve
b. el granizo **d.** despejado **f.** el chubasco

1. ________
2. ________
3. ________
4. ________
5. ________
6. ________

Nombre ______________________________ Fecha ____________________

UN POCO MÁS

Actividad A Conteste.

Actividad B En la estación de ferrocarril. Escuche y escriba.

	DESTINO	ANDÉN
1.	____________________	________
2.	____________________	________
3.	____________________	________
4.	____________________	________
5.	____________________	________

Actividad C Escuche y conteste.

Viajes Verano

EN VELERO POR LOS MARES DE HOLANDA
Un viaje de 14 días que incluye una semana de navegación en antiguos veleros, 4 noches de hotel en Amsterdam y transporte en autocar.
Salidas: Julio, agosto y septiembre.
Precio: 64.000 pesetas.

CABO NORTE
Un mes en autocar acondicionado con literas y cocina recorriendo Finlandia, Laponia, Suecia, Noruega...
Fechas: — Del 2 al 30 de julio.
— Del 3 al 31 de agosto.
Precio: 126.000 pesetas.

KENIA
Veintiocho días de recorrido en minibús, campings y hoteles por los Parques Nacionales, la costa del Océano Indico, Mombasa y el archipiélago de Lamu.
Fechas: Todos los meses de julio a noviembre.
Precio: 235.000 pesetas.

KENIA Y TANZANIA
Cuatro semanas recorriendo los Parques Nacionales de Masai Mara, Amboseli, Tsavo, Nakuru, playas de Malindi y Mombasa en Kenia; y en Tanzania los de Tarangire, Cráter del Ngorongoro y Serengueti.
Fechas: Todos los meses de julio a noviembre.
Precio: 264.000 pesetas.

EGIPTO Y JORDANIA
Un mes en autocaravana acondicionada con literas recorriendo desde Amman hasta El Cairo, pasando por Petra, Mar Muerto, Wadi Rum, Aqaba, la península del Sinaí, Abu Simbel, Assuan, Luxor...
Fechas: Todos los meses desde julio a noviembre.
Precio: 187.000 pesetas.

MARRUECOS
Diecisiete días que nos llevarán desde las estribaciones del Rif hasta el mismo umbral del Sahara, al sur del Alto Atlas. Visitaremos Chauen, Fez, Marrakech, Rabat...
Fechas: julio, agosto, septiembre.
Precio: 39.500 pesetas con alojamiento en hotel.
27.000 pesetas en camping.

INDIA CENTRAL, RAJASTHAN Y NEPAL
Veintiocho días de viaje para recorrer en autobús y tren Delhi, Rajasthan, Agra, Benarés, Bombay y en Nepal, Kathmandu y Pokara. El alojamiento será en hoteles.
Fechas: Todos los meses desde julio hasta noviembre.
Precio: 198.000 pesetas.

INDONESIA: SUMATRA, JAVA Y BALI
Cuatro semanas viajando por estas tres islas, utilizando autocar y avión, con alojamiento en hoteles.
Fechas: Todos los meses desde julio a noviembre.
Precio: 242.000 pesetas.

EE.UU.: COSTA-COSTA
Un mes en autocar acondicionado con literas desde Nueva York a San Francisco, visitando Boston, Niágara, Chicago, Yellowstone, Gran Cañón, la Tierra de los Navajos, Yosemite...
Fechas: Todos los meses de julio a octubre.
Precio: 243.000 pesetas.

PERU Y BOLIVIA
Cuatro semanas recorriendo Lima, Iquitos, Huaraz, Cuzco, Puno para terminar en La Paz. El viaje incluye vuelos interiores, autocar, tren, alojamiento en hoteles y excursión de tres días por la selva.
Fechas: Todos los meses desde julio a octubre.
Precio: 248.000 pesetas.

Y además **Grecia, Turquía, Yugoslavia, Argelia, Senegal-Mali, Siria-Jordania, Pakistán, China, Tibet, Australia, Alaska, Canadá, Cuba, Nicaragua, Colombia y Ecuador...**
Trekking por los Alpes, Ladakh, Annapurnas, Everest...
Tarifas aéreas económicas a cualquier lugar del mundo. **Solicita nuestro Boletín de Viajes del Verano**

Nombre ______________________ Fecha ______________

Actividad D Pronósticos meteorológicos. Escuche y conteste.

EL DIARIO

DPTO. CIUDAD	AYER Máx/Min		HOY Máx/Min		MAÑANA Máx/Min		VIERNES Máx/Min	
La Paz								
La Paz	17/5	A	17/6	N	18/5	PN	19/6	S
El Alto (Aerpto.)	14/3	A	12/3	N	13/3	PN	14/4	S
Copacabana	25/10	A	24/11	N	25/12	PN	26/13	PN
Apolo	26/12	A	27/12	N	26/13	PN	27/12	PN
Tipuani	27/12	A	27/13	N	28/12	PN	29/13	PN
Charaña	16/2	A	17/3	N	18/2	N	19/3	PN
Santiago de Huata	18/3	A	17/–2	N	18/–1	N	17/–2	PN
Santa Cruz								
Santa Cruz	31/21	PN	30/20	A	31/21	PN	32/22	S
Viru Viru	31/20	PN	31/21	A	31/21	PN	32/21	S
San José	31/21	PN	30/20	A	31/21	PN	32/20	S
Robore	32/21	PN	29/20	A	30/21	PN	31/22	S
Concepción	32/21	PN	31/21	A	30/20	PN	31/21	PN
Puerto Suárez	34/21	S	33/20	A	32/21	N	33/22	PN
Ascensión de Guarayos	32/20	PN	33/21	A	32/20	A	33/21	S
Camiri	29/19	A	31/18	PN	30/19	PN	31/20	S
San Javier	31/21	PN	32/21	A	31/20	PN	32/21	PN
San Ignacio de Velasco	31/21	S	32/21	A	33/22	N	32/21	S
Cochabamba								
Cochabamba	27/11	A	25/11	N	26/12	N	27/13	PN
Todos Santos	28/21	A	29/20	A	28/21	N	20/20	PN
Beni								
Trinidad	30/22	A	31/21	N	32/20	PN	31/21	S
Riberalta	32/22	TE	33/21	A	32/20	N	33/21	PN
San Ignacio de Moxos	32/21	A	33/21	N	32/20	PN	31/21	S
Rurrenabaque	29/20	A	32/21	N	31/20	PN	32/21	PN
San Borja	30/20	A	31/21	N	30/20	PN	31/21	S
Reyes	30/21	A	31/22	A	30/21	N	31/22	PN

N = Nublado
PN = Parcialmente nublado
S = Soleado
A = Aguacero
NE = Nevada
LL = Lluvia
TE = Tormenta eléctrica
RN = Ráfagas de nieve

Nombre ______________________ Fecha ______________

ESTRUCTURA II

Actividad A Escuche y conteste.

Ejemplo: *(You hear)* ¿Qué esperan tus padres?
(You see) estudiar mucho
(You say) Esperan que yo estudie mucho.

1. estudiar mucho
2. no salir con otra persona
3. sacar buenas notas
4. jugar con ellos
5. ser feliz

Actividad B Escuche y conteste.

Ejemplo: *(You hear)* ¿Ellos van a tomar el tren?
(You see) es probable
(You say) Es probable que ellos tomen el tren.

1. es probable
2. es difícil
3. es importante
4. es posible
5. es mejor

Nombre ______________________ Fecha ______________

Actividad C Escuche y conteste.

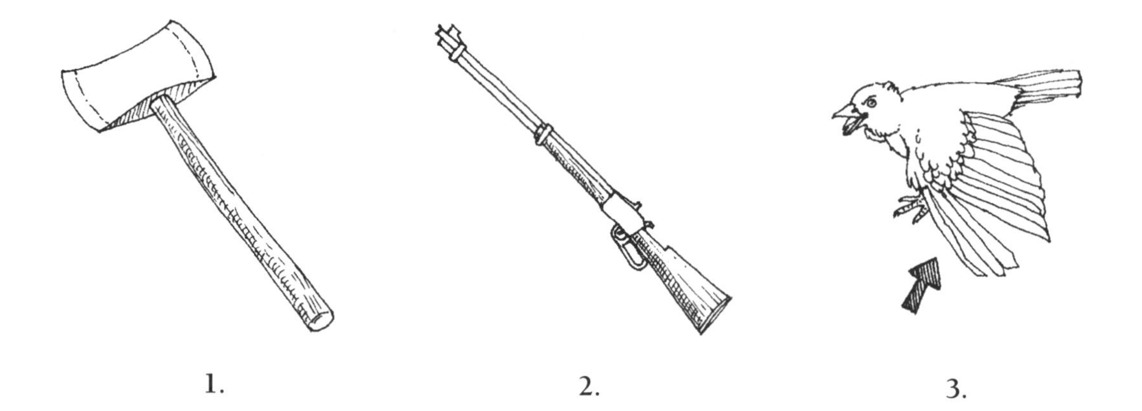

1. 2. 3.

4. 5.

Nombre ______________________ Fecha ______________

LITERATURA

¡AL PARTIR!

Vocabulario

Actividad A Escuche y escoja.

1. a b c
2. a b c
3. a b c
4. a b c
5. a b c
6. a b c
7. a b c

Comprensión

Actividad B Escuche.

Actividad C Escuche y escoja.

1. a b c
2. a b c
3. a b c
4. a b c

EL VIAJE DEFINITIVO

Vocabulario

Actividad A Definiciones. Escuche y escoja.

a. el pozo
b. el pájaro
c. el huerto
d. la campana
e. plácido
f. el campanario

1. ________
2. ________
3. ________
4. ________
5. ________
6. ________

Comprensión

Actividad B Escuche.

Actividad C Describa.

Nombre ______________________ Fecha ______________

TURISMO Y CULTURA

Vocabulario

Actividad A Escuche y escoja.

1. a b c
2. a b c
3. a b c
4. a b c
5. a b c
6. a b c

Actividad B Definiciones. Escuche y escoja.

a. exigir	**c.** la neblina	**e.** la guayabera	**g.** el paisaje
b. vacunar	**d.** el maletín	**f.** la canasta	**h.** célebre

1. ________
2. ________
3. ________
4. ________
5. ________
6. ________
7. ________
8. ________

Nombre ______________________ Fecha ______________

Comprensión

Actividad C Escuche y escriba.

1. Lo que más le impresionó al que visitó a Roma fue el lugar donde tuvo sus hijitos la ______________.
2. En Londres, el turista no vio nada a causa de la ______________.
3. En Francia, el monumento que más le llamó la atención era el de De Gaulle a ______________.
4. En Grecia, porque había tanta gente en las Termópilas, no pudo ver a la ______________.
5. La señora que fue a Egipto no llegó a ver las ______________.
6. Ella se quedó en el hotel con una cadera dislocada porque se cayó de un ______________.
7. Al argentino que fue a Rusia, lo que más le impresionaron fueron los ______________.
8. Al perro medio San Bernardo le habían puesto el corazón de un ______________.
9. El señor que visitó a los EE.UU. no pudo salir de noche en Chicago porque en su cama había ______________.
10. El señor experto en la América Latina era de nacionalidad ______________.

Nombre ______________________ Fecha ______________

UN POCO MÁS

Actividad A Una conferencia. Escuche.

Actividad B Escuche y escoja.

1. Marco Polo viajó desde Italia hasta ______.
   a. la China **b.** el Japón **c.** Inglaterra

2. Marco Polo hizo sus viajes en el siglo ______.
   a. XI **b.** XIII **c.** XV

3. El conferenciante dice que el turismo moderno tiene unos ______ años.
   a. 100 **b.** 150 **c.** 200

4. Thomas Cook comenzó como vendedor de ______.
   a. trenes **b.** barcos **c.** libros

5. Para llevar a sus correligionarios de Leicester a Loughborough, Cook fletó un ______.
   a. tren **b.** barco **c.** avión

6. El primer lugar fuera de Inglaterra adonde Cook llevaba excursionistas era ______.
   a. Francia **b.** Egipto **c.** Escocia

7. A las excursiones donde se incluyen en un solo precio el transporte y el alojamiento se le llaman viajes de ______.
   a. "gran tour" **b.** "paquete" **c.** "control"

8. En 1872 la compañía Cook organizó su primer viaje ______.
   a. alrededor del mundo **b.** a París **c.** a Egipto

9. Se calcula que habrá cerca de ______ turistas para el año 2000.
   a. 2.000 **b.** 2.000.000 **c.** 2.000.000.000

10. La razón de turistas a habitantes en Bermuda y las Bahamas en épocas de turismo es de ______.
    a. 1:1 **b.** 1:5 **c.** 1:15

Nombre ____________________ Fecha ____________

Actividad C Las presentaciones. La muchacha. Escuche y escriba.

1. ¿Cómo se llama la muchacha? ____________________
2. ¿Cuántos años tiene ella? ____________________
3. ¿De qué país es ella? ____________________
4. ¿Qué es Loja? ____________________
5. ¿Qué es La Providencia? ____________________

Actividad D Las presentaciones. El muchacho. Escuche y escriba.

1. ¿Cómo se llama el muchacho? ____________________
2. ¿Es de España o de Latinoamérica? ____________________
3. ¿En qué ciudad nació? ____________________
4. ¿Cuántos años va a cumplir dentro de poco? ____________________
5. ¿Qué es Nuestra Señora del Prado? ____________________

Nombre ______________________________ Fecha ____________________

Actividad E Las vacaciones de la joven. Escuche y complete.

1. Por lo general, durante las vacaciones Carla va a la ____________________.
2. También, a veces, va con su familia en viajes a todas partes del ____________________.
3. Costa, Sierra y Oriente son tres regiones del ____________________.
4. A Carla le interesa mucho la flora y la fauna y los indígenas que se encuentran en la ____________________.
5. Ella cree que los ____________________ de su país son muy diferentes a las personas de cualquier otra parte del mundo.
6. La playa más bonita de su país, según Carla, se llama ____________________.
7. Carla toma muchas ____________________ que son recuerdos de los lugares que ha visitado.

Actividad F Las vacaciones del joven. Escuche y escoja.

1. Este verano Pascual y su familia van a ir a ________.
   a. Valencia b. Castellón c. Estepona
2. El lugar que más le ha interesado a Pascual en los viajes de verano es ________.
   a. Ciudad Real b. Castellón c. Estepona
3. En Castellón vive la ________ del muchacho.
   a. hermana b. profesora c. abuela
4. Pascual y sus amigos juegan al vólibol y al fútbol en ________.
   a. la escuela b. la playa c. las montañas
5. Las únicas vacaciones que tiene el muchacho son las del ________.
   a. verano b. otoño c. invierno

Nombre ______________________ Fecha ______________

RUTINAS

CULTURA

LA VIDA DIARIA

Vocabulario

Actividad A Definiciones. Escuche y escoja.

a. la oveja **c.** el altiplano **e.** la llama **g.** el ama de casa
b. las faenas **d.** los vecinos **f.** el entrenador **h.** los aymarás

1. ________
2. ________
3. ________
4. ________
5. ________
6. ________
7. ________
8. ________

Actividad B Escuche y escoja.

1. a b c
2. a b c
3. a b c
4. a b c

Nombre ______________________ Fecha ______________

Comprensión

Actividad C ¿Hipólito el boliviano o Débora la puertorriqueña? Escuche y escoja.

	Bolivia	Puerto Rico
1.	______	______
2.	______	______
3.	______	______
4.	______	______
5.	______	______
6.	______	______
7.	______	______
8.	______	______
9.	______	______
10.	______	______
11.	______	______

Actividad D ¿Quién habla? Escuche y escoja.

a. Hipólito
b. Débora
c. la madre de Hipólito
d. la madre de Débora
e. el padre de Hipólito
f. el padre de Débora

1. ______
2. ______
3. ______
4. ______
5. ______
6. ______
7. ______
8. ______
9. ______
10. ______

Nombre ________________________________ Fecha ____________________

Actividad E La vida de Débora. Describa.

1.

2.

3.

4.

Nombre ______________________________ Fecha ____________________

Actividad F La vida de Hipólito. Describa.

1.

2.

3.

4.

Nombre ______________________ Fecha ______________

CONVERSACIÓN

PLANES PARA HOY

Vocabulario

Actividad A ¿De qué o de quién hablan? Escuche y escoja.

a. la rectora **c.** la zarzuela **e.** el jardín botánico
b. la melena **d.** la sierra **f.** la boca del metro

1. ________
2. ________
3. ________
4. ________
5. ________
6. ________

Actividad B Escuche y escoja.

1. a b c
2. a b c
3. a b c
4. a b c
5. a b c
6. a b c
7. a b c

Comprensión

Actividad C El desayuno. Escuche.

Actividad D Escuche y escoja.

1. a b c
2. a b c
3. a b c
4. a b c
5. a b c
6. a b c
7. a b c
8. a b c
9. a b c

Nombre ______________________ Fecha ______________

LENGUAJE

Actividad A A tu amigo (amiga). Ofrezca cortésmente.

1. una limonada
2. un sándwich
3. más pastel
4. café

Actividad B A su profesor (profesora) de español. Ofrezca cortésmente.

1. una taza de café
2. un helado de coco
3. una manzana
4. un refresco de tamarindo

Actividad C Acepte cortésmente.

Actividad D Diga que no, cortésmente.

Actividad E Invite a un amigo o a una amiga.

1. a una zarzuela
2. al cine
3. a un partido de béisbol

Actividad F Acepte la invitación.

Actividad G Ud. quiere ir pero no puede. Escuche y conteste.

Actividad H Ud. nunca va a aceptar. Escuche y conteste.

Actividad I Ud. quiere saber más. Escuche y conteste.

Nombre ______________________ Fecha ____________

ESTRUCTURA I

Actividad A Escuche y conteste.

1. levantarse
2. bañarse y vestirse
3. desayunarse
4. ir a la escuela

Actividad B Escuche y responda.

Ejemplo: *(You hear)* Yo fui al parque ayer.
(You see) todos los días
(You say) Pues yo iba al parque todos los días.

1. todos los días
2. con frecuencia
3. todos los sábados
4. siempre
5. a menudo

Actividad C Escuche y escoja.

	pretérito	**imperfecto**
1.	________	________
2.	________	________
3.	________	________
4.	________	________
5.	________	________
6.	________	________
7.	________	________
8.	________	________

Actividad D Invente oraciones.

Ejemplo: *(You hear)* Número 0.
(You see) Rosa / comer Luis / llegar
(You say) Rosa comía cuando Luis llegó.

1. Rosa / comer Luis / llegar
2. Yo / estudiar tú / llamar
3. Nosotros / leer teléfono / sonar
4. Ellos / jugar empezar a llover
5. Uds. / bailar nosotros / entrar
6. Tú / bañarse Mamá / salir

Nombre ______________________ Fecha ______________

PERIODISMO

EL SERVICIO MILITAR: *Cuatro españolas a la guerra de Bosnia*

Vocabulario

Actividad A Escuche y conteste.

a. armas **b.** tropa **c.** mochila **d.** paracaídas **e.** paracaidistas

1. ________
2. ________
3. ________
4. ________
5. ________

Actividad B Escuche y escoja.

1. a b c
2. a b c
3. a b c
4. a b c
5. a b c

Actividad C Definiciones. Escuche y escoja.

a. integrar **b.** orgulloso **c.** ingresar **d.** suelto **e.** la labor **f.** el valor **g.** cariñosamente **h.** por el contrario

1. ________
2. ________
3. ________
4. ________
5. ________
6. ________
7. ________
8. ________

Comprensión

Actividad D Escuche.

Nombre ______________________________ Fecha ____________________

Actividad E Escuche y escoja.

1. **a.** Eran toreras. **b.** Eran soldados. **c.** Eran actrices.
2. **a.** Toreras. **b.** Soldados. **c.** Actrices.
3. **a.** A Canarias. **b.** A Bosnia. **c.** A Madrid.
4. **a.** 2. **b.** 3. **c.** 4.
5. **a.** Menos de un año. **b.** Dos años. **c.** Tres años.
6. **a.** El control del transporte aéreo de mercancía. **b.** La protección de los "cascos azules". **c.** El cuidado y la reparación de los paracaídas.

EL PRIMER DÍA DE CLASES: *Carteras*

Vocabulario

Actividad A ¿De qué se habla? Escuche y escoja.

a. el pozo **c.** la cartera **e.** el aprendiz
b. el dineral **d.** la etapa

1. ________
2. ________
3. ________
4. ________
5. ________

Actividad B Escuche y conteste.

a. hojear **c.** precisar **e.** soñoliento
b. ilusionado **d.** agridulce

1. ________
2. ________
3. ________
4. ________
5. ________

Comprensión

Actividad C Preguntas personales. Escuche y conteste.

Nombre ______________________________ Fecha ____________________

UN POCO MÁS

Actividad A Los trenes locales. Escuche y conteste.

MADRID —SEGOVIA— VALLADOLID

TIPO DE TREN	REGIONAL	REGIONAL	REG. EXP.	REGIONAL
MODALIDADES	2.ª	2.ª	1.ª-2.ª	2.ª
ORIGEN				
VALLADOLID-CAMPO GRANDE				
VALDESTILLAS				■
MEDINA DEL CAMPO				8.00
OLMEDO DE ADAJA				8.23
CIRUELOS				8.35
COCA				8.40
NAVA DE LA ASUNCION				8.49
ORTIGOSA-PESTAÑO				8.55
ARMUÑA-BENARDOS (APD.)				*8.59*
YANGUAS DE E. CARB. E. MAYOR				9.03
AUSIN (APD.)				*9.11*
HONTANARES DE ERESMA	■	■	■	9.15
SEGOVIA	6.20	6.45	7.30	9.35
NAVAS DE RIOFRIO-LA LOSA		6.54		9.45
ORTIGOSA DEL MONTE (APD.)		6.58		
OTERO-HERREROS		7.04		9.54
LOS ANGELES DE SAN REFAEL (APD.)		7.08		
EL ESPINAR	6.46	7.13		10.01
SAN RAFAEL (APD.)	6.49	7.17	7.54	10.05
GUDILLOS				
TABLADA		7.24		10.15
CERCEDILLA	7.04	7.33	8.05	10.23
LOS MOLINOS-GUADARRAMA	7.09	7.38		
COLLADO MEDIANO	7.13	7.42		
MATAESPESA DE ALPEDRETE	7.22	7.48		
LOS NEGRALES (APD.)	7.26	7.55		
VILLALBA DE GUADARRAMA	7.30	8.00	8.24	10.48
GALAPAGAR-LA NAVATA (APD.)	7.34	8.04		
TORRELODONES	7.38	8.08		
LAS MATAS	7.42	8.12		
PINAR DE LAS ROZAS	7.46	8.16		
EL TEJAR	7.49	8.19		
PITIS		8.29		
RAMON Y CAJAL (APD.)	8.03	8.33		
MADRID-CHAMARTIN	8.08	8.38	9.00	11.23
MADRID-NUEVOS MINISTERIOS	8.13	8.43	9.05	■
MADRID-RECOLETOS (APD.)	8.17	8.47		
MADRID-ATOCHA	8.21	8.51	9.13	
DESTINO	■	■	TOLEDO 10.16	
OBSERVACIONES	(1)	(4)	(2)	

Actividad B Escuche y escoja.

1. a. Un libro. b. Un periódico. c. Un video.
2. a. En la carnicería. b. En la biblioteca. c. En la peluquería.
3. a. En la televisión. b. En un avión. c. En un autobús.
4. a. Es bailarín. b. Es vendedor. c. Es militar.
5. a. Estudiante. b. Piloto. c. Ingeniera.
6. a. En una barbería. b. En un teatro. c. En un hospital.

Actividad C Estudie y escuche.

1. ¿Qué tiene ganas de hacer don Baldomero?
2. ¿De qué país están hablando los señores?
3. ¿Cómo van a viajar ellos?
4. ¿Qué tendrá que pagar don Baldomero?
5. ¿Cuál es la profesión de don Baldomero?
6. ¿A quién quiere invitar don Baldomero a hacer el viaje con ellos?

Actividad D Escuche y escoja.

1. a. Comer chancho. b. Conocer su país. c. Platear animales.
2. a. Costa Rica. b. España. c. San Ignacio.
3. a. En jeep. b. En tren. c. En autobús.
4. a. Nada. b. La cama y la comida. c. Todos los gastos de transporte.
5. a. Es profesor. b. Es autor. c. Es policía.
6. a. A Emeterio. b. A José. c. A Ignacio.

Nombre ______________________ Fecha ______________

ESTRUCTURA II

Actividad A Escuche y conteste.

Ejemplo: *(You hear)* ¿Vienen los chicos?
(You see) dudar
(You say) Dudo que vengan.

1. dudar
2. es cierto
3. no creer
4. estar seguro
5. no estar seguro
6. creer

Actividad B Escuche y escoja.

	indicativo	**subjuntivo**
1.	________	________
2.	________	________
3.	________	________
4.	________	________
5.	________	________
6.	________	________
7.	________	________

Actividad C Escuche y conteste.

Ejemplo: *(You hear)* A Jorge le gusta la clase.
(You see) sorprender
(You say) Me sorprende que le guste.

1. sorprender
2. alegrarse de
3. es lástima
4. gustar

Nombre ______________________ Fecha ______________

LITERATURA

SUEÑOS

Vocabulario

Actividad A ¿De qué se habla? Escuche y escoja.

a. los bigotes **c.** el ataúd **e.** el aviso luminoso
b. los anteojos **d.** la hoja de afeitar **f.** la bomba de bencina

1. ______ 3. ______ 5. ______
2. ______ 4. ______ 6. ______

Actividad B Escuche y escoja.

1.	a	b	c	**4.**	a	b	c
2.	a	b	c	**5.**	a	b	c
3.	a	b	c	**6.**	a	b	c

Comprensión

Actividad C Escuche.

Actividad D Diga.

LOS OTROS MADRILEÑOS

Vocabulario

Actividad A Escuche y escoja.

1.	a	b	c	**3.**	a	b	c
2.	a	b	c	**4.**	a	b	c

Comprensión

Actividad B Escuche.

Actividad C Escuche y conteste.

1. **a.** De militares. **b.** De cronistas. **c.** De madrileños.
2. **a.** La Guerra civil española. **b.** La lucha por sobrevivir. **c.** La Batalla de Madrid.
3. **a.** Agua y luz. **b.** Hijos pequeños. **c.** Jardines.
4. **a.** La falta de cuidado médico. **b.** La falta de educación. **c.** La falta de trabajo.

Nombre ______________________ Fecha ______________

UN POCO MÁS

Actividad A Escuche y escoja.

1. Están en ________.
   a. la verdulería **b.** el hospital **c.** la carnicería
2. Se quejan de la falta de ________.
   a. trabajo **b.** comida **c.** teléfonos
3. Doña Milagros es ________.
   a. médica **b.** policía **c.** socióloga
4. Ellos están hablando de ________.
   a. la construcción de casas para los pobres **b.** la destrucción causada por un desastre **c.** los planes de un famoso torero

Actividad B Los días de clase de Carla. Escuche y escoja.

1. ¿A qué hora se levanta Carla?
   a. A las 5:45. **b.** A las 6:15. **c.** A las 6:45.
2. ¿Cuántas horas de clase tiene Carla en total cada día?
   a. Tres. **b.** Cinco. **c.** Siete.
3. ¿Cuántos cursos toma ella?
   a. Dos o tres. **b.** Cuatro o cinco. **c.** Siete u ocho.
4. ¿Cuál es el curso que más le gusta a Carla?
   a. Psicología. **b.** Geografía. **c.** Sociología.
5. ¿A qué hora sale ella de la escuela por la tarde?
   a. A las 12:00. **b.** A la 1:00. **c.** A las 2:00.
6. ¿Dónde toma el almuerzo Carla durante la semana?
   a. En casa. **b.** En la escuela. **c.** En un restaurante.

Nombre ______________________ Fecha ______________

Actividad C Los días de clase de Pascual. Escuche y escoja.

1. ¿A qué hora se despierta Pascual?
   a. A las 6:00. **b.** A las 7:00. **c.** A las 8:00.
2. ¿Qué hace Pascual rápidamente?
   a. Se ducha. **b.** Se duerme. **c.** Se despierta.
3. ¿A qué hora tiene que entrar en la escuela Pascual?
   a. A las 8:15. **b.** A las 8:45. **c.** A las 9:15.
4. ¿Qué es lo que dura unos 15 minutos?
   a. El desayuno. **b.** El almuerzo. **c.** El descanso.
5. ¿Qué idioma está estudiando Pascual?
   a. El inglés. **b.** El francés. **c.** El alemán.
6. ¿Cuántos cursos tiene él?
   a. Tres o cuatro. **b.** Cinco o seis. **c.** Siete o más.
7. ¿A qué distancia de la escuela está la casa de Pascual?
   a. 20 metros. **b.** 200 metros. **c.** 2000 metros.
8. ¿Cómo va Pascual a la escuela?
   a. En bus escolar. **b.** En moto. **c.** A pie.
9. ¿Cuál es el viaje más largo que hace Pascual en moto normalmente?
   a. 2 o 3 kilómetros. **b.** 10 o 15 kilómetros. **c.** 20 o 30 kilómetros.

Nombre ______________________________ Fecha ____________________

Actividad D Los fines de semana de Carla. Escuche y complete.

1. Siempre hay fiestas las noches del ____________________ y del ____________________.
2. Ella y sus amigos se sientan en el porche de un restaurante bonito para tomar algo y para ____________________.
3. En las fiestas, en comparación con los EE.UU., lo que hacen mucho los jóvenes es ____________________.
4. El restaurante favorito de Carla es un restaurante ____________________.
5. Además de comida deliciosa, el restaurante tiene una preciosa vista de la ____________________.

Actividad E Los fines de semana de Pascual. Escuche y complete.

1. Durante la semana Pascual no hace más que ____________________.
2. Los fines de semana Pascual trata de olvidarse de los ____________________.
3. Él va a las discotecas con los ____________________.
4. Pascual regresa de la escuela a las 2:15 y entonces ____________________.
5. Él y su familia se reúnen en la sala por la tarde para tomar café y mirar la ____________________.
6. Pascual y sus hermanos salen juntos a jugar o simplemente a ____________________.
7. Obviamente, el deporte favorito de Pascual es el ____________________.

Nombre ______________________________ Fecha ____________________

CAPÍTULO 3

PASATIEMPOS

CULTURA

EL TIEMPO LIBRE

Vocabulario

Actividad A ¿De qué se habla? Escuche y escoja.

a. la fiesta	**c.** el disparo	**e.** el desfile
b. la acera	**d.** el santo patrón	

1. ________
2. ________
3. ________
4. ________
5. ________

Actividad B Definiciones. Escuche y escoja.

a. el varón	**c.** el ayuno	**e.** el mozo	**g.** tranquilo
b. acabar	**d.** la comparsa	**f.** el cabestro	**h.** el danzarín

1. ________
2. ________
3. ________
4. ________
5. ________
6. ________
7. ________
8. ________

Nombre ______________________ Fecha ______________

Comprensión

Actividad C Escuche y escoja.

______

______

______

______

______

Actividad D Las fiestas. Escuche y escoja.

a. San Juan **b.** los sanfermines **c.** carnaval **d.** la Virgen de Guadalupe

1. ______ 3. ______

2. ______ 4. ______

Actividad E Escuche y escoja.

1.	sí	no	**5.**	sí	no
2.	sí	no	**6.**	sí	no
3.	sí	no	**7.**	sí	no
4.	sí	no	**8.**	sí	no

Nombre ______________________ Fecha ______________

CONVERSACIÓN

EL TEATRO

Vocabulario

Actividad A Escuche y escoja.

1. a b c
2. a b c
3. a b c
4. a b c
5. a b c
6. a b c

Comprensión

Actividad B Una obra de teatro. Escuche.

Actividad C Escuche y conteste.

Actividad D Durante el descanso. Escuche.

Actividad E Escuche y escoja.

1. a b c
2. a b c
3. a b c
4. a b c
5. a b c
6. a b c

LENGUAJE

Actividad A Escuche y responda.

Actividad B Ahora lo negativo. Escuche y responda.

Actividad C Ni fu, ni fa. Está aburrido. Escuche y responda.

Actividad D Escuche y responda.

Nombre ______________________ Fecha ______________

ESTRUCTURA I

Actividad A ¿A quién? Escuche y conteste.

1. a Carolina
2. a nosotros
3. a ti
4. a los niños pequeños
5. a las hermanas de Felipe
6. a mí

Actividad B ¿Qué? Escuche y conteste.

1. dinero
2. dinero también
3. recibir buenas notas
4. todo

Actividad C Escuche y escoja.

1. a b
2. a b
3. a b
4. a b
5. a b

Actividad D Su escuela. Escuche y conteste.

Actividad E Escuche y conteste.

1. aburrida
2. aburridos
3. enfermo
4. enferma
5. cansados
6. triste
7. sí / listos
8. sí / lista

Actividad F ¿Cuándo y dónde? Escuche y conteste.

1. sábado / el estadio
2. 8:00 / el centro
3. domingo / el parque
4. en dos semanas / la capital

Actividad G La ropa. Escuche y conteste.

1. algodón
2. lana
3. seda
4. cuero

Nombre ______________________ Fecha ______________

Actividad H En el teatro. Escuche y conteste.

Ejemplo: *(You hear)* ¿Ahora qué debo hacer?
(You see) encender las luces
(You say) Encienda Ud. las luces.

1. encender las luces
2. llamar a los actores
3. levantar el telón
4. avisar a los músicos
5. hacer unos anuncios
6. vender los refrescos
7. abrir las puertas

Actividad I ¿Qué hago? Escuche y conteste.

Ejemplo: *(You hear)* Estoy aburrido. ¿Qué hago?
(You see) mirar la tele
(You say) Mira la tele.

1. mirar la tele
2. comer algo
3. tomar una siesta
4. pedir más
5. beber algo caliente
6. tener cuidado
7. venir temprano

Actividad J ¿Cómo se usa el teléfono público? Escuche y conteste.

Ejemplo: *(You hear)* No sé usar el teléfono público aquí. ¿Qué hago primero?
(You see) descolgar el auricular
(You say) Descuelgue Ud. el auricular.

1. descolgar el auricular
2. esperar la señal
3. meter la moneda en la ranura
4. marcar el número
5. hablar

Actividad K Pues, nada. Escuche y conteste.

Ejemplo: *(You hear)* Te digo que no, que no voy a ir.
(You say) Pues, nada. No vayas.

Nombre ______________________ Fecha ______________

PERIODISMO

EL WIND SURF: *Wind surf: agua, aire ¡y diversión!*

Vocabulario

Actividad A Escuche e identifique.

Actividad B Definiciones. Escuche y escoja.

a. el chaleco
b. la tabla
c. la ola
d. el calzón
e. el calentamiento
f. los tenis
g. la vela
h. las sentadillas
i. los estiramientos
j. la suela
k. el salto

1. ______
2. ______
3. ______
4. ______
5. ______
6. ______
7. ______
8. ______
9. ______
10. ______
11. ______

Actividad C Escuche y escoja.

1. a b c
2. a b c
3. a b c
4. a b c
5. a b c

Comprensión

Actividad D El *wind surf*. Escuche y escoja.

1. a b c
2. a b c
3. a b c
4. a b c
5. a b c
6. a b c

Actividad E Escuche y conteste.

UN POCO MÁS

Actividad A Escuche y escoja.

1. Estarán celebrando ________.
   a. el carnaval **b.** el *wind surf* **c.** los sanfermines
2. Estarán tomando parte en ________.
   a. el carnaval **b.** el *wind surf* **c.** los sanfermines
3. Ellas están hablando ________.
   a. del carnaval **b.** del *wind surf* **c.** de los sanfermines
4. Estarán en ________.
   a. un museo **b.** un cine **c.** una fiesta
5. Hablan de ________.
   a. la zarzuela **b.** los deportes **c.** una sinfonía
6. Están en ________.
   a. la ópera **b.** el cine **c.** el teatro

Nombre ______________________________ Fecha ____________________

Actividad B Escuche y escoja.

____

____

TVE-1

- **7,00 Carta de ajuste.**
- **7,29 Apertura y presentación.**
- **7,30 Pinnic.**
- **11,00 MacGyver.** «Los forasteros». Dirección: Michael Vejar. Guión: Michelle Poette. Intérpretes: Richard Dean Anderson, Dana Elcar, Allan Lyssen, Ruth de Sosa. Por un accidente automovilístico, MacGyver se ve obligado a permanecer varios días junto a una extensa familia judía, a quienes los constructores de una carretera intentan desahuciar sus tierras.
- **12,00 Lo mejor de la semana.** «Objetivo indiscreto» (repetición). (12,00.) «Corazón, corazón» (repetición). (12,30.) «Vídeos de 1.ª» (repetición). (13,30.)
- **14,00 La hora de Bill Cosby.**
- **14,30 El oso Rupert.**
- **15,00 Telediario 1.**
- **15,27 El tiempo.**
- **15,30 Bugs Bunny y sus amigos.** «Los huevos».
- **16,00 Sesión de tarde para todos.** «Oz, un mundo fantástico».
- **18,00 Segunda sesión.** «Corazón de cristal».
- **19,50 Informe semanal.** Realización: Luis Martín del Olmo. Producción: Ricardo Iznaola. Presentación: Mari Carmen García Vela. Edición: Fernando López Agudín.
- **20,55 Colorín, colorado.**
- **21,00 Telediario 2.**
- **21,27 El tiempo.**
- **21,30 La película de la semana.** «El triunfo del espíritu».
- **23,40 Estudio estadio.**
- **0,40 Cine de medianoche.** «La piovra (V)». Corrado, que se ha ido enamorando poco a poco de la juez, es apartado temporalmente del servicio, a raíz de una valiente denuncia, que no puede sostener al fallarle las pruebas.
- **2,15 Diga 33.**
- **2,45 Despedida y cierre.**

____

____

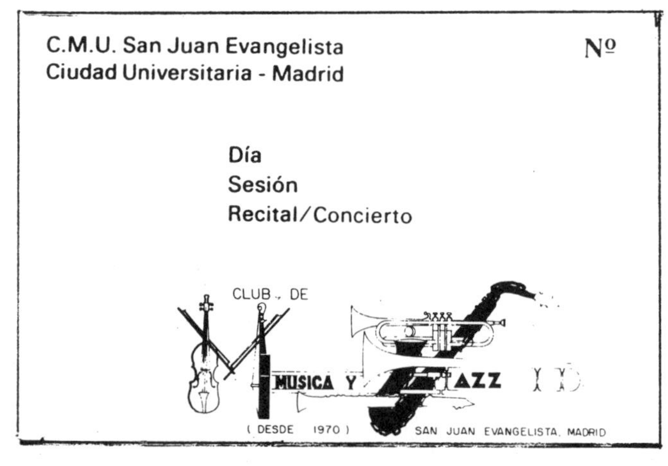

____

Nombre ______________________ Fecha ______________

Actividad C Escuche y conteste.

EL INAEM DEL MINISTERIO DE CULTURA, LA JUNTA DE EXTREMADURA, LA COMUNIDAD Y EL AYUNTAMIENTO DE MADRID, JOSE TAMAYO Y MANUEL COLLADO OFRECEN LAS REPRESENTACIONES DE LOS DIAS 9 Y 10 DE MAYO A LAS 10,30 DE LA NOCHE COMO HOMENAJE A JOSE MARIA RODERO.

TEATRO BELLAS ARTES

Director JOSE TAMAYO

AMPARO BARO

FERNANDO DELGADO MANOLO ANDRES

NANCHO NOVO NATALIA MILLAN

hazme de la noche un cuento

original de Jorge Márquez.

COPRODUCE JUNTA DE EXTREMADURA Y COMUNIDAD DE MADRID

Actividad D Escuche y conteste.

Gráf. BOSTON - 471 27 79

NUEVO TEATRO APOLO

I.V.A. incluido 6 % HERPA, S. A. - C.I.F.: A-46/24027-1

NOCHE

Entresuelo

FILA 8 NUM. 22

Nombre ______________________ Fecha ______________

ESTRUCTURA II

Actividad A Escuche y conteste.

1. tres años
2. ocho meses
3. seis meses
4. dos años

Actividad B Escuche y conteste.

Ejemplo: *(You hear)* ¿Compraste las entradas?
(You say) Sí, acabo de comprarlas.

Actividad C Escuche y conteste.

Ejemplo: *(You hear)* ¿Vinieron los amigos?
(You say) No, aunque queríamos que vinieran.

Actividad D Escuche y conteste.

Ejemplo: *(You hear)* ¿Por qué cambiaron el dinero?
(You see) era necesario
(You say) Era necesario que lo cambiaran.

1. era necesario
2. yo insistí
3. Papá les aconsejó
4. yo les recomendé

Actividad E Escuche y conteste.

Ejemplo: *(You hear)* ¿Conoces a alguien que hable chino?
(You see) sí
(You say) Sí, conozco a alguien que habla chino.

Ejemplo: *(You hear)* ¿Conoces a alguien que hable chino?
(You see) no
(You say) No, no conozco a nadie que hable chino.

1. no
2. sí
3. sí
4. no

Nombre ______________________________ Fecha ____________________

LITERATURA

EL TANGO: *Adiós muchachos*

Vocabulario

Actividad A Escuche y escoja.

____

____

____

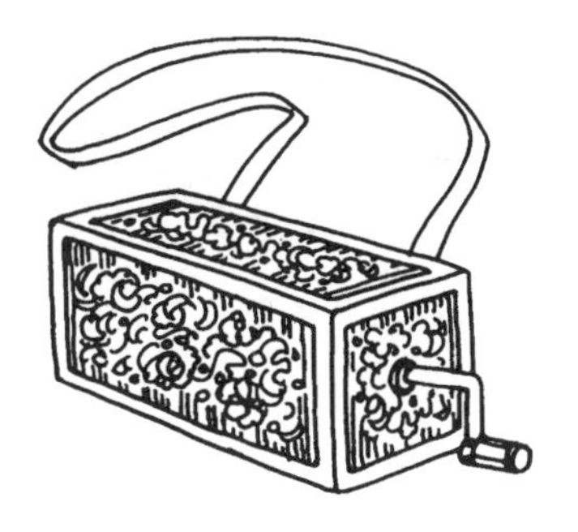
____

____

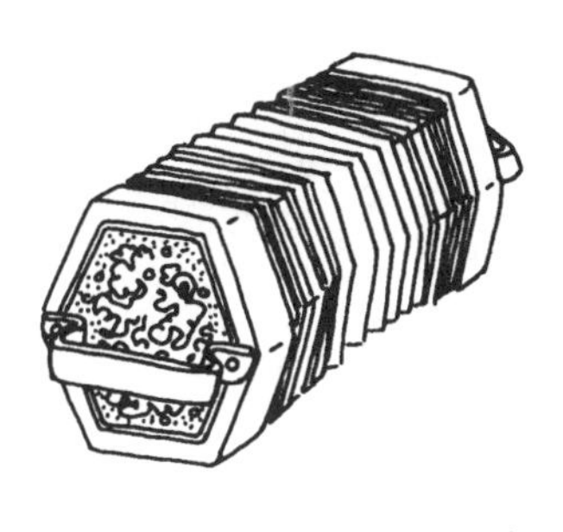
____

Actividad B Definiciones. Escuche y escoja.

a. el recuerdo
b. acudir
c. alejarse
d. disfrutar
e. idolatrar

1. ______
2. ______
3. ______
4. ______
5. ______

Nombre ______________________ Fecha ______________

Actividad C Escuche.

Actividad D Escuche y escoja.

1. a b c
2. a b c
3. a b c
4. a b c
5. a b c

MI ADORADO JUAN

Vocabulario

Actividad A Escuche y escoja.

______

______

______

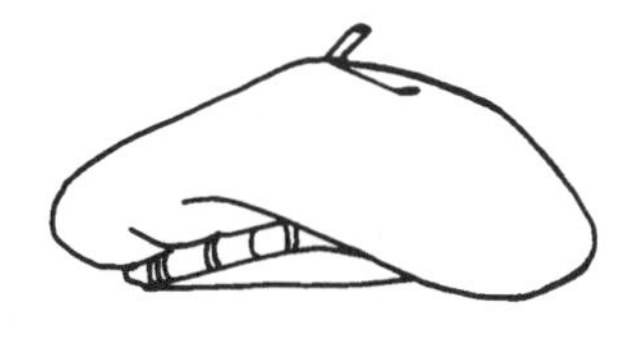

______

Actividad B Escuche y escoja.

1. a b c
2. a b c
3. a b c
4. a b c
5. a b c
6. a b c
7. a b c
8. a b c
9. a b c
10. a b c
11. a b c
12. a b c

Nombre ______________________ Fecha ______________

Comprensión

Actividad C Escuche.

Actividad D Descripciones. Escuche y escoja.

	Irene	el padre	Manríquez	el adorado Juan
1.	____	____	____	____
2.	____	____	____	____
3.	____	____	____	____
4.	____	____	____	____
5.	____	____	____	____
6.	____	____	____	____

Actividad E Escuche y conteste.

serio	holgazán	formal
informal	independiente	irresponsable
inteligente	responsable	descontenta
estricto		

Actividad F ¿Quién lo dice? Escuche y escoja.

	Irene	el padre	Manríquez	el adorado Juan
1.	____	____	____	____
2.	____	____	____	____
3.	____	____	____	____
4.	____	____	____	____
5.	____	____	____	____
6.	____	____	____	____
7.	____	____	____	____

Nombre ______________________ Fecha ______________

UN POCO MÁS

Actividad A Escuche y escoja.

19 DOMINGO

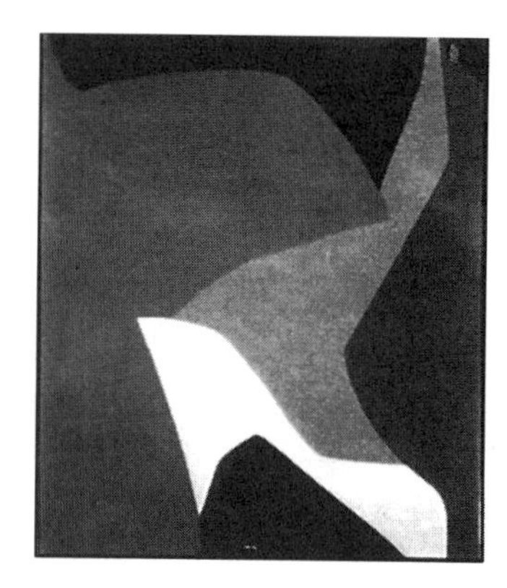

ARTE ________

Equipo 57. Primera retrospectiva dedicada al colectivo de artistas que desde la abstracción geométrica fueron el contrapunto del informalismo del grupo El Paso. La exposición reconstruye las cinco muestras más importantes hechas por el Equipo 57.
Madrid. ***Museo Nacional Centro de Arte Reina Sofía. Hasta el 8 de abril.***

TEATRO ________

"Tom Sawyer". La compañía La Trepa lleva a escena las aventuras de Tom Sawyer y de su gran amigo Huckleberry Finn, convertidos por el escritor Twain en héroes de la novela juvenil.
Barcelona. ***Jove Teatre Regina. Séneca, 22,600 pesetas. Hasta el 14 de abril.***

EXPOSICIÓN ________

Bonsai. Los mejores ejemplares de *bonsai* que existen en España se exponen en el monasterio de San Juan de Burgos, coincidiendo con el II Congreso Nacional, que se clausura hoy.
Burgos. ***Monasterio de San Juan.***

20 LUNES

ÓPERA ________

Donizetti. Un clásico de Donizetti, *L'elisir de amore,* abre la temporada de la Asociación Bilbaína de Amigos de la Ópera, con la soprano Ruth Ann Swenson y el tenor Vincenzo La Scola encabezando el cartel.
Bilbao. ***Teatro Coliseo Albia. A las 20.00. De 2.300 a 8.300 pesetas.***

ZARZUELA ________

"La canción del olvido." Dos atractivos especiales tienen las funciones de la zarzuela *La canción del olvido:* el debú escénico en Madrid de la soprano Ainhoa Arteta, ganadora de los concursos de nuevas voces del Metropolitan de Nueva York, y la puesta en escena de Pier Luigi Pizzi.
Madrid. ***Teatro de la Zarzuela. A las 20.00.***

COMIC ________

"The spirit". Todo un clásico. Eisner da en cada página, en cada rostro y en cada sombra una auténtica lección de dibujo. Esta nueva edición respeta el orden cronológico original.
Will Eisner. ***Norma Editorial. 250 pesetas.***

21 MARTES

DISCOS ________

Prince. Prince presume, entre otras muchas cosas, de tener una capacidad creativa inagotable. Su nuevo disco, un gran éxito doble, rompe las normas incluyendo cinco canciones inéditas. Además, se lanza una versión con un tercer disco con las caras B de los sencillos.
"The Hits / B sides". ***Discos WEA. 2.800 pesetas.***

DANZA ________

Baile español. María Vivó y Joaquín Ruiz son dos bailarines que han trabajado en las mejores compañías de baile español y flamenco. Ahora presentan su propia compañía, integrada también por Charo Espino y Bruno Argenta.
Madrid. ***Centro Cultural de la Villa.. A las 22.30. 1.400 pesetas. Hasta el 26 de mayo.***

FÚTBOL ________

Albania-España. Fase de clasificación para el Mundial 94. España necesita la victoria si quiere seguir soñando con su pase a la fase final del campeonato de los Estados Unidos.
La 2. ***a las 18.30.***

22 MIÉRCOLES

CONCIERTO

Fiestas de la Mercé. Rebeldes, Gary Moore, Joaquín Sabina, Héroes del Silencio y Pep Sala son una pequeña parte del gran popurrí de actuaciones que pondrán los ritmos más variados a los festejos de la Mercé.

Barcelona. *Actuaciones en el Palau Sant Jordi y Mercat de les Flors, Estandard, Otto Zutz y Studio 54.*

MÚSICA

Montserrat Caballé. La soprano catalana prosigue su camino de llegar a públicos cada vez más numerosos con una mezcla de arias de ópera populares y canciones ligeras.

Madrid. *Plaza de toros de Las Ventas.*

CINE

"El fugitivo". Un *remake* de la famosísima serie de televisión de los años sesenta en el que Harrison Ford sustituye a David Jansen. Carreras, persecuciones, caídas, jadeos, huidas y estrés a tope bajo la dirección de Andrew Davis.

23 JUEVES

CINE

"El mariachi". Una muestra inmejorable de cómo se puede hacer buen cine con poco dinero, menos medios y mucha imaginación. El debutante Robert Rodríguez se ha metido a Hollywood en el bolsillo con esta divertida comedia.

CONCIERTO

Fishbone. Bombardeo en directo de rock-*funk-reggae,* a cargo de esta banda californiana que ha hecho célebre su álbum *Dale un cerebro a un mono y jurará que es el centro del universo.*

Barcelona. *Zeleste. Sala 1. Almogávares, 122. A las 22.00. 2.500 pesetas.*

GOLF

"Ryder Cup". Primera jornada. Los mejores golfistas de los EE.UU. frente a los mejores de Europa. Una tradicional competición que se disputa cada dos años.

Canal +. *A las 23.53*

ZARZUELA

Antología. Un gran despliegue escénico sobre las piezas más representativas de la zarzuela por la Compañía Lírica Amadeo Vives, dirigida por José Tamayo.

Barcelona. *Teatro Victoria. Paralelo, 67. De 1.800 a 3.000 pesetas. Hasta el 14 de noviembre.*

24 VIERNES

GOSPEL

Sissel Kyrkjebo. Es la voz joven más versátil y popular en Escandinavia. Ha cantado con el coro de Harlem y su último disco lo ha producido en Los Ángeles el legendario Neil Sedaka.

Barcelona. *Plaza de la Catedral. A las 22.00. Entrada libre.*

CINE

"Huevos de oro". Bigas Luna mezcla huevos fritos, chorizo, ambición, mujeres, drama y surrealismo a partes iguales, ayudado por un reparto de excepción: Javier Bardem, Maribel Verdú, María de Medeiros, Elisa Touati, Rachel Bianca y Alessandro Gassman.

Barcelona. *Zeleste. Sala 1. Almogávares, 122. A las 22.00. 2.500 pesetas.*

POP

Bel canto. Percusión con ritmos de Asia, África y América para este dúo de pop-rock de la Europa del Norte, formado por la voz brillante de Anneli Marian Drecker y la electro-acústica de Nils Johansen.

Barcelona. *Studio 54. Paralelo. A las 22.30. Entrada libre.*

LIBROS

"La tesis once". Para dilucidar si es o no cierto que los filósofos deben y pueden cambiar el mundo, el autor ha puesto en pie una novela actual que se atreve a abordar el tema del terrorismo en la España de hoy.

Francisco Arroyo.. *Editorial Plaza & Janés. 1.795 pesetas.*

Nombre ________________ Fecha ________________

Actividad B Los pasatiempos de Carla. Escuche y escoja.

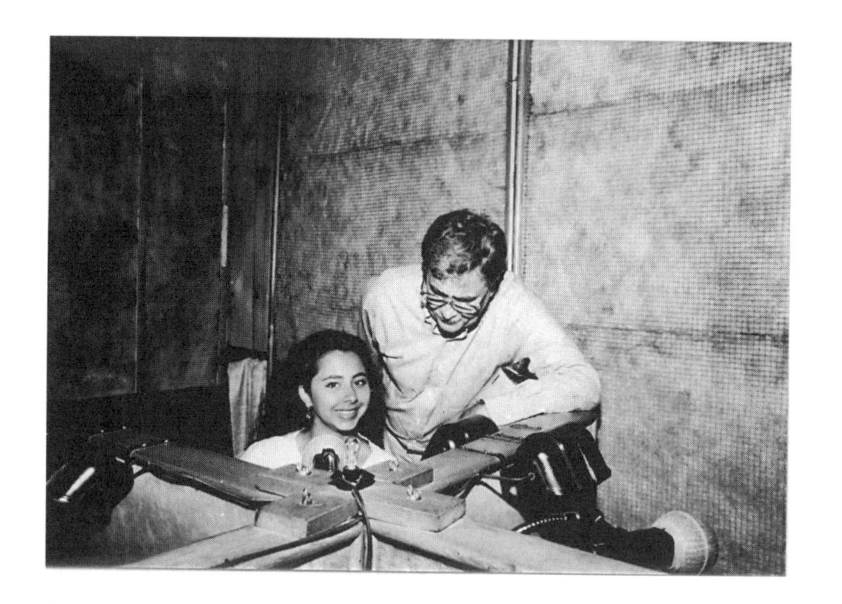

1. Si Carla quiere ponerse en contacto con las amigas, ella ________.
   a. va a la escuela a buscarlas **b.** les escribe **c.** las llama por teléfono
2. A ella le gustan los deportes, el tenis y ________.
   a. los aeróbicos **b.** el fútbol **c.** el vólibol
3. Una cosa que no le gusta mucho a Carla y que ella no considera parte de su cultura es ________.
   a. el tenis **b.** el cine **c.** la natación
4. En cuanto a la televisión, ella dice que prefiere mucho más ________.
   a. ir al cine **b.** jugar al vólibol **c.** leer un libro
5. El libro que más le ha gustado recientemente a Carla es del autor ________.
   a. Gabriel García Márquez **b.** Jorge Luis Borges **c.** Mario Vargas Llosa
6. El libro se llama ________.
   a. *Ficciones* **b.** *Fantasmas* **c.** *Infamias*
7. A ella le gusta mucho el libro a pesar de que lo encuentra muy ________.
   a. complicado **b.** fácil **c.** triste
8. La persona en su familia con quien a ella no le gusta mucho salir es ________.
   a. su hermana menor **b.** su hermano menor **c.** su hermano mayor

Nombre ____________________ Fecha ____________________

Actividad C Los pasatiempos de Pascual. Escuche y escoja.

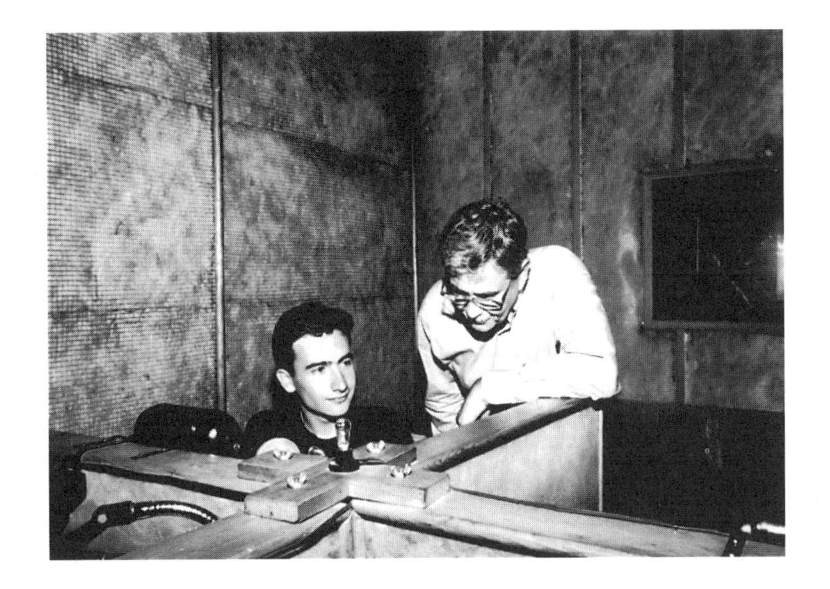

1. Pascual juega al fútbol con ________.
   a. un solo equipo   b. dos equipos   c. una serie de equipos
2. El equipo de fútbol de su colegio tiene el nombre de ________.
   a. el Prado   b. Ciudad Real   c. el Partido
3. Con el equipo Carrión, Pascual juega ________.
   a. una vez al mes   b. los fines de semana   c. todos los días
4. Pascual mira ________ televisión.
   a. ninguna   b. muy poca   c. mucha
5. Una cosa que le gusta mucho en la televisión son los reportajes sobre ________ .
   a. deportes   b. animales   c. política
6. En Navidad y ocasiones similares, Pascual cree que es bonito ver ________.
   a. las brillantes decoraciones   b. los programas de televisión   c. a todos los parientes reunidos
7. En las fiestas como Navidad, algunos de los platos que la familia de Pascual prepara son ________.
   a. pescado y pollo   b. pavo y mariscos   c. arroz y carne

Nombre ______________________ Fecha ______________

CAPÍTULO 4

PASAJES

CULTURA

EVENTOS Y CEREMONIAS

Vocabulario

Actividad A Definiciones y sinónimos. Escuche y escoja.

a. hacerse cargo
b. dar a luz
c. protagonizar
d. enterrar
e. pertenecer a
f. librarse
g. el alma
h. las esquelas
i. las amonestaciones
j. la aparición
k. el parto
l. el velorio

1. ________
2. ________
3. ________
4. ________
5. ________
6. ________
7. ________
8. ________
9. ________
10. ________
11. ________
12. ________

Actividad B Escuche y escoja.

1. a b c
2. a b c
3. a b c
4. a b c
5. a b c
6. a b c
7. a b c
8. a b c

Actividad C Escuche y corrija.

Ejemplo: *(You hear)* La esquela es el anuncio de un nacimiento.
(You say) No. La esquela es el anuncio de una muerte.

Nombre ____________________ Fecha ____________

Comprensión

Actividad D Escuche y escoja.

1. a b
2. a b
3. a b
4. a b
5. a b

Actividad E Escuche y conteste.

Ejemplo: *(You hear)* ¿Dónde es común que el padre acompañe a su esposa cuando ella da a luz? ¿En los EE.UU. o en los países hispanos?

(You say) En los EE.UU.

Actividad F Escuche y escoja.

____

____

HA FALLECIDO

Luis Esteban Pérez Rodríguez

Su madre Teodosa Rodríguez; su padre Bencito Pérez; sus hermanos Francisco, Manolo, Fabián, Vicente, Aydin, Rosita, Nieve y Victoria; sobrinos, primos, tíos y demás familiares, pasan por la pena de comunicar el sentido fallecimiento, acaecido ayer miércoles.
Su cadáver recibió cristiana sepultura en el cementerio de Cristo Rey.

____

____

Nombre ______________________ Fecha ______________

CONVERSACIÓN

CEREMONIAS FAMILIARES

Vocabulario

Actividad A Escuche y escoja.

Actividad B Definiciones. Escuche y escoja.

a. el camposanto
b. el entierro
c. la pila
d. el acompañamiento
e. la viuda
f. la tumba familiar

1. ________
2. ________
3. ________
4. ________
5. ________
6. ________

Comprensión

Actividad C El bautizo. Escuche.

Actividad D ¿Sí o no? Escuche y escoja.

1. sí no
2. sí no
3. sí no
4. sí no
5. sí no
6. sí no
7. sí no

Actividad E El matrimonio. Escuche.

Actividad F Escuche y conteste.

Actividad G El velorio. Escuche.

Actividad H Escuche y escoja.

1. a b c
2. a b c
3. a b c
4. a b c
5. a b c
6. a b c

LENGUAJE

Actividad A Diga.

Nombre ____________________ Fecha ____________

ESTRUCTURA I

Actividad A Escuche y conteste.

Ejemplo: *(You hear)* ¿Piensas ir al bautizo?
(You see) sí / domingo
(You say) Sí, iré el domingo.

1. sí / domingo
2. sí / flores
3. sí / a las tres
4. no / después

Actividad B Escuche y conteste.

Ejemplo: *(You hear)* ¿Pepe sabe algo de la boda?
(You see) no / pronto
(You say) No, pero sabrá pronto.

1. no / pronto
2. no / mañana
3. no / pronto
4. no / esta noche

Actividad C Escuche y responda.

Ejemplo: *(You hear)* Ellos no van a ir a la boda.
(You say) Pero nosotros sí iremos.

Actividad D Escuche y responda.

Ejemplo: *(You hear)* Yo no voy a asistir al entierro.
(You say) Pues yo asistiría.

Actividad E Escuche y conteste.

Ejemplo: *(You hear)* ¿Quién tendrá tiempo?
(You see) Arnaldo
(You say) Creo que Arnaldo tendría tiempo.

1. Arnaldo
2. nosotros
3. ellos
4. tú
5. las chicas

Actividad F Escuche y conteste.

Ejemplo: *(You hear)* ¿Vas al bautizo?
(You say) Ya dije que iría.

Actividad G Escuche y escoja.

1. a b c
2. a b c
3. a b c
4. a b c
5. a b c
6. a b c

Actividad H Escuche y conteste.

Ejemplo: *(You hear)* ¿José te dio el ramo?
(You say) Sí, me lo dio.

Actividad I Escuche y pregunte.

Ejemplo: *(You hear)* Tengo unos patines nuevos.
(You say) ¿Quién te los compró?

Nombre ______________________ Fecha ______________

PERIODISMO

LA BODA DE CHÁBELI

Vocabulario

Actividad A ¿De qué hablan? Escuche y escoja.

a. el primogénito	**d.** el son
b. las alianzas	**e.** el impedimento
c. el taller	**f.** la pareja

1. ________ 4. ________

2. ________ 5. ________

3. ________ 6. ________

Actividad B Definiciones. Escuche y escoja.

a. fundirse	**d.** suscitar
b. socorrerse	**e.** poseer
c. constar	**f.** acudir

1. ________ 4. ________

2. ________ 5. ________

3. ________ 6. ________

Actividad C Sinónimos. Escuche y escoja.

a. enfundado(a) **b.** habilitado(a) **c.** confeccionado(a)

1. ________ 2. ________ 3. ________

Comprensión

Actividad D ¿Sí o no? Escuche y escoja.

1. sí no 5. sí no

2. sí no 6. sí no

3. sí no 7. sí no

4. sí no

Actividad E La boda de Chábeli. Escuche y conteste.

Nombre ______________________ Fecha ______________

ANUNCIOS SOCIALES

Vocabulario

Actividad A Definiciones. Escuche y escoja.

a. participar
b. degustar
c. efectuar
d. obsequiar
e. llevar a cabo
f. lucir

1. ________
2. ________
3. ________
4. ________
5. ________
6. ________

Actividad B ¿De qué hablan? Escuche y escoja.

a. los allegados
b. la abnegada
c. la extinta
d. el marco
e. el heredero
f. el bisnieto
g. el Magisterio Fiscal
h. los concurrentes
i. la cobijita
j. el festejo
k. la cigueña

1. ________
2. ________
3. ________
4. ________
5. ________
6. ________
7. ________
8. ________
9. ________
10. ________
11. ________

Comprensión

Actividad C ¿Qué es lo que celebran? Escuche y escoja.

a. una boda
b. un "baby shower"
c. el aniversario de matrimonio
d. el aniversario de una muerte

1. ________
2. ________
3. ________
4. ________

Nombre ______________________ Fecha ______________

UN POCO MÁS

Actividad A Escuche y escoja.

1. **a.** En la iglesia. **b.** En una funeraria. **c.** En un camposanto.
2. **a.** En un entierro. **b.** En una boda. **c.** En un bautizo.
3. **a.** En un velorio. **b.** En un entierro. **c.** En una boda.
4. **a.** En una boda. **b.** En un "baby shower". **c.** En un bautizo.
5. **a.** En una boda. **b.** En un "baby shower". **c.** En un bautizo.

Actividad B Más sobre la boda. Escuche.

Actividad C Escuche y complete.

1. Inmaculada Castellví fue la ____________ que ofició la ceremonia.
2. No invitaron a la juez a la ____________.
3. Los chóferes habían transportado a los ____________.
4. A los chóferes les sirvieron ____________ y escalopines.
5. El secreto que se guardó fue el lugar donde iban a pasar su luna ____________.
6. Ricardo Bofill tiene una casa en ____________.
7. También pensaban quizás ir a Polinesia o a la vieja y romántica ____________.
8. Pero nadie pudo ____________ nada.

Nombre ____________________ Fecha ____________________

Actividad D Escuche y conteste.

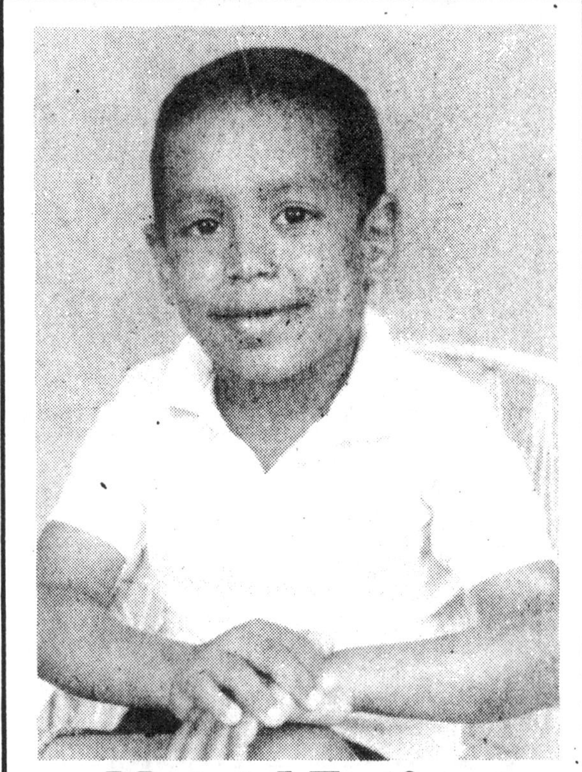

Manuel Enrique

Tus padres Ing. Manuel E. de la Cruz Martínez y Elisa Figueroa de De la Cruz, tus hermanitos Manuel Emilio y Mirta Amelia, damos gracias a Dios por permitir dejarnos verte crecer junto a todos nosotros. ¡Felicidades en tus 4 años!

Actividad E Escuche y escoja.

______

AVISO RELIGIOSO

El esposo, hijos, hijos políticos, nietos, de la que en vida fue:

✝ SRA. PROF. ALICIA GUZMAN DE PLAZA

(Q.E.P.D.)

Invitan a los familiares, amigos, Magisterio Pasivo e Instituciones Culturales que perteneció, a la misa que recordando el Segundo Año de su sentido fallecimiento se celebrará el día viernes 12 del presente a horas 12 en la Catedral Metropolitana de Nuestra Señora de La Paz.
La asistencia vuestra será muy reconocida por la familia doliente.

La Paz, 11 de marzo

e-1018-0310/1

En la paz del Señor y confortada con los auxilios de la Santa Religión Católica ha dejado de existir la que en vida fue ejemplar esposa y abnegada madre y abuelita.

Sra. Albertina Rojas de Chávez

(Q.E.P.D.)

Andrés Abelino Chávez, esposo: Adolfo, Nelly, Armando, Ruth, Lourdes, Víctor, Julian Chavéz, hijos: Víctor Cortez, Raquel, Mario, Betty, Viviana, hijos políticos., Julio Rojas Durán, hermano, Catalina de Rojas, hermana política., los nietos, sobrinos y demás familia, invitan a sus amistades, en especial a los ex-trabajadores de Y.P.F.B., Beneméritos de la Guerra del Chaco, Residentes de Ilabaya, Vecinos de la zona El-Tejar, asistir a la Santa Misa que en su memoria, recordando los 8 días de su llorado fallecimiento se llevará a cabo el día de hoy jueves 11 del presente a hrs. 11 a.m. En el Templo del Cementerio General.
El duelo se despide en la puerta del Templo.

La Paz, marzo

e-1055-0310/1

______

______

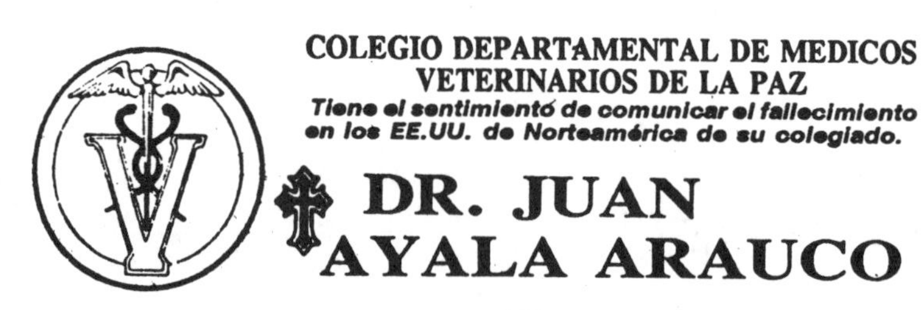

COLEGIO DEPARTAMENTAL DE MEDICOS VETERINARIOS DE LA PAZ

Tiene el sentimiento de comunicar el fallecimiento en los EE.UU. de Norteamérica de su colegiado.

✝ DR. JUAN AYALA ARAUCO

(Q.E.P.D.)

Y se adhiere a la misa que en sufragio de su alma, se mandará oficiar el día de hoy jueves 11 a horas 18:00 en el Templo de San Juan de Dios (calle Loayza).

La Paz, 11 de marzo

e-1087-0310/1

Nombre ______________________ Fecha ______________

LOS DIRECTORES Y EJECUTIVOS DEL BANCO DE LA PAZ S.A. LAMENTAN EL SENSIBLE FALLECIMIENTO DE SU DILECTO AMIGO:

†SR. GUIDO QUIROGA QUIROGA

(Q.E.P.D.)

Y SE UNEN EN EL DOLOR DE SU FAMILIA EXPRESANDO SUS MAS SENTIDAS Y SINCERAS CONDOLENCIAS.

LA PAZ, MARZO

I-2006-0310/1

La familia del que en vida fue ejemplar esposo, padre y abuelito:

† Prof. LUIS ALBERTO DE LA ROCHA ANGULO

(Q.E.P.D.)

Invita a la misa que recordando los seis meses de su sensible fallecimiento, mandará oficiar el día jueves 11 de marzo a Hrs. 11 en la Iglesia de San Agustín (al lado de la Alcaldía Municipal).
Su asistencia comprometerá la gratitud de la familia doliente.

La Paz, marzo

e-1009-00310/1

ESTRUCTURA II

Actividad A Escuche y conteste.

Ejemplo: *(You hear)* Tú vas a ir, ¿no?
(You see) a menos que
(You say) No, no voy a menos que tú vayas.

1. a menos que / tú / ir
2. sin que / yo / insistir
3. a menos que / tus padres / aprobar
4. sin que / tú / prometer volver temprano

Actividad B Escuche y conteste.

Ejemplo: *(You hear)* ¿Cuándo saldrás?
(You see) tan pronto como / Pepe / llegar
(You say) Saldré tan pronto como Pepe llegue.

1. tan pronto como / Pepe / llegar
2. en cuanto / terminar / trabajo
3. cuando / acabarse / material
4. antes de que / llover

Actividad C Escuche y conteste.

Ejemplo: *(You hear)* Hace muchísimo frío. ¿Vas a jugar?
(You say) Sí, voy a jugar aunque hace muchísimo frío.

Actividad D Escuche y conteste.

Ejemplo: *(You hear)* ¿Vamos a ganar hoy?
(You see) ojalá
(You say) Ojalá que ganemos hoy.

1. ojalá
2. quizás
3. tal vez
4. quizás
5. ojalá

Actividad E Escuche y conteste.

Ejemplo : *(You hear)* ¿Ellos se lo van a decir?
(You say) Sí, van a decírselo.

Actividad F Escuche y conteste.

Ejemplo : *(You hear)* ¿Debo invitar a las chicas?
(You say) Sí, invítalas.

Actividad G Escuche y conteste.

Ejemplo: *(You hear)* ¿Debo invitar a las chicas?
(You say) No, no las invites.

Nombre ________________________________ Fecha ____________________

LITERATURA

EL NIÑO AL QUE SE LE MURIÓ EL AMIGO

Vocabulario

Actividad A Escuche y escoja.

____

____

____

____

____

____

Comprensión

Actividad B Escuche y escoja.

1. a b c
2. a b c
3. a b c
4. a b c
5. a b c

Nombre ______________________________ Fecha ________________

COSAS DEL TIEMPO

Actividad A Escuche.

Actividad B Escuche y conteste.

EN PAZ

Vocabulario

Actividad A Sinónimos. Escuche y escoja.

a. el ocaso
b. la hiel
c. las lozanías
d. la faz
e. fallidos
f. inmerecido
g. rudo

1. ________ 5. ________

2. ________ 6. ________

3. ________ 7. ________

4. ________

Actividad B Definiciones. Escuche y escoja.

a. bendecir
b. acariciar
c. el néctar
d. la miel

1. ________ 3. ________

2. ________ 4. ________

Comprensión

Actividad C En paz. Escuche.

Actividad D Paráfrasis. Escuche y escoja.

a. No me dijiste que mi juventud iba a durar para siempre.
b. Por supuesto, la vejez va a venir después de la juventud.
c. Yo mismo determiné cómo iba a ser mi vida.
d. La vida siempre me ha dado lo que en ella yo mismo puse.

1. ________ 3. ________

2. ________ 4. ________

Nombre ______________________ Fecha ______________

UN POCO MÁS

Actividad A Una esquela interesante. Escuche y conteste.

EXCELENTISIMO SEÑOR

DON ALFREDO KINDELAN NUÑEZ DEL PINO

MARQUES DE KINDELAN. CORONEL DE AVIACION. DOCTOR INGENIERO AERONAUTICO

FALLECIO EN MADRID

EL DIA 1 DE MAYO

Habiendo recibido los Santos Sacramentos

D. E. P.

Su esposa, Concepción Camp Ferrer (marquesa de Kindelán); sus hijos, Alfredo y Oscar; hija política, María Cuéllar Reynolds; nietos, María y Alfredo; hermanos, Ultano, Manolo e Isabel; hermanos políticos, sobrinos y demás familia, y su fiel Otilia

RUEGAN una oración por su alma.

El traslado de los restos mortales se efectuará hoy, día 2 de mayo, a las nueve cuarenta y cinco horas, desde el Hospital del Aire al cementerio de San Isidro.

(2)

Actividad B Un poema de Jorge Manrique. Escuche.

Actividad C Escuche y conteste.

Nombre ______________________ Fecha ______________

Actividad D ¿A quién llamar? Escuche y escoja.

______

Pre-ajuste en Funerarias Bernardo García con $25. al mes, sin entrada, tax, ni intereses.

Miami	Westchester	Hialeah
4100 N.W. 7 St.	8215 Bird Road	865 W. 49 St.
649-1010	226-1010	557-1010

RIVERO FUNERAL HOME

MIAMI — CORAL GABLES
Calle 8 y 34 Ave. 445-9508
HIALEAH
Okeechobee Rd. y 4ta Ave. 888-6792
WESTCHESTER
7895 S.W. 40 St. (Bird Rd.) 262-6222

Hacemos Embarques A Todas Partes Del Mundo

______

PARA 3ª EDAD

RESIDENCIAL

103 HABITACIONES

- CENTRO MEDICO 24 HORAS
- GIMNASIO Y REHABILITACION
- CAPILLA
- PELUQUERIA
- 6.000 m² DE JARDINES
- SALONES
- ACTIVIDADES RECREATIVAS
- HABITACIONES INDIVIDUALES Y DOBLES TODAS CON BAÑO COMPLETO, TELEFONO E INTERFONO.

A 20 Km. de Madrid
en Las Rozas

URBANIZACION
"MOLINO DE LA HOZ"
Carretera de Las Rozas a
El Escorial Km. 8,700

☎ 630 28 35
(10 líneas)

______

Nombre ______________________ Fecha ______________

Actividad E Escuche y conteste.

Pre-ajuste en Funerarias Bernardo García con $25. al mes, sin entrada, tax, ni intereses.

Miami	Westchester	Hialeah
4100 N.W. 7 St.	8215 Bird Road	865 W. 49 St.
649-1010	226-1010	557-1010

MIAMI — CORAL GABLES
Calle 8 y 34 Ave. 445-9508
HIALEAH
Okeechobee Rd. y 4ta Ave. 888-6792
WESTCHESTER
7895 S.W. 40 St. (Bird Rd.) 262-6222

Hacemos Embarques A Todas Partes Del Mundo

PARA 3ª EDAD

RESIDENCIAL

103 HABITACIONES

- CENTRO MEDICO 24 HORAS
- GIMNASIO Y REHABILITACION
- CAPILLA
- PELUQUERIA
- 6.000 m² DE JARDINES
- SALONES
- ACTIVIDADES RECREATIVAS
- HABITACIONES INDIVIDUALES Y DOBLES TODAS CON BAÑO COMPLETO, TELEFONO E INTERFONO.

A 20 Km. de Madrid
en Las Rozas

URBANIZACION
"MOLINO DE LA HOZ"
Carretera de Las Rozas a
El Escorial Km. 8,700

☎ 630 28 35
(10 líneas)

Nombre ______________________ Fecha ______________

Actividad F Los bautizos. Escuche y escoja.

1. Carla se bautizó cuando tenía ________.

   a. 3 meses   b. 1 año   c. 3 años

2. Ella dice que si se mueren los padres de un niño, entonces los que toman responsabilidad por el niño son los ________.

   a. padrinos   b. abuelos   c. hermanos

3. Los padrinos de Pascual son ________.

   a. sus tíos   b. sus abuelos   c. amigos de sus padres

Nombre ________________ Fecha ________________

Actividad G El amor y los novios. Escuche y escoja.

1. Carla dice que en su país, normalmente, la gente se casa ________.
   a. muy joven   b. después de los 25 años   c. muy viejos

2. La muchacha dice que después de que la novia les anuncia a sus padres que se quiere casar, ellos dan ________.
   a. un anillo   b. un baile   c. una cena

3. Y el novio tiene que pedirle ________ de la novia a los padres.
   a. el nombre   b. la mano   c. un regalo

4. Ella dice que el anillo que el novio le da puede ser simplemente de oro o puede llevar ________.
   a. plata   b. un diamante   c. perlas

5. Pascual dice que en España se casa entre los ________.
   a. 20 y 25 años   b. 25 y 29 años   c. 29 y 35 años

6. En España los novios se conocen, generalmente, en las ________.
   a. iglesias   b. fiestas   c. escuelas

Actividad H La boda. Escuche y escoja.

1. Carla tomó parte en una boda. Ella fue dama de ________.
   a. amor   b. boda   c. vestido

2. El vestido que llevaba Carla era de color ________.
   a. negro   b. blanco   c. rojo

3. La boda en que sirvió de dama de amor fue la boda de su ________ .
   a. hermana   b. prima   c. tía

4. En esa boda, la novia tenía 18 años y el novio tenía ________ años.
   a. 21   b. 23   c. 26

5. Una obligación de los padrinos en la boda es la de ________.
   a. dar el mejor regalo   b. llevar los anillos   c. pagar todos los gastos

6. Pascual dice que la misa de boda es diferente porque ________ .
   a. se concentra en las responsabilidades del matrimonio   b. se celebra ante un grupo de personas muy grande   c. no se les permite asistir a personas que no son de la familia

Nombre ______________________ Fecha ______________

Actividad I Otras fiestas. Escuche y complete.

1. Durante las fiestas de Santiago hay exposiciones de ganado y de ______________.

2. En la plaza hay corridas de ______________.

3. Las fiestas de Ciudad Real, donde vive Pascual, son en el mes de ______________.

4. El gobierno de Ciudad Real, durante las fiestas, contrata a grupos de ______________.

5. Durante las fiestas de Ciudad Real, los jóvenes bailan mucho y ______________ poco.

Actividad J Velorios y funerales. Escuche y escoja.

1. En Ecuador se lleva al muerto desde la iglesia al cementerio en ________.
   a. un automóvil especial **b.** los hombros de las personas **c.** un coche de caballos

2. Carla dice que los velorios pueden tener lugar en la casa del muerto o en ________.
   a. la iglesia **b.** casas funerales **c.** el cementerio

3. Los velorios, según Carla, pueden durar ________.
   a. día y medio o dos días **b.** tres días **c.** una semana

4. En España se lleva al muerto a la iglesia y luego al cementerio. En el cementerio le dan al muerto el último ________.
   a. adiós **b.** saludo **c.** velorio

Nombre ____________________ Fecha ____________

SUCESOS Y ACONTECIMIENTOS

CULTURA

ACONTECIMIENTOS HISTÓRICOS

Vocabulario

Actividad A Definiciones y sinónimos. Escuche y escoja.

a. la flotilla
b. la desembocadura
c. la tripulación
d. el apoyo
e. renombrado
f. imprescindible
g. redondo
h. desembarcar

1. ________
2. ________
3. ________
4. ________
5. ________
6. ________
7. ________
8. ________

Nombre ______________________ Fecha ______________

Actividad B Escuche y escoja.

Comprensión

Actividad C Los españoles en la América del Norte. Escuche y escoja.

1. **a.** Bartolomé Ferrelo **b.** Sebastiano Caboto **c.** Cristóbal Colón
2. **a.** San Agustín, Florida **b.** Santa Bárbara, California **c.** Jamestown, Virginia
3. **a.** Juan Ponce de León **b.** Hernán de Soto **c.** Fortún Jiménez
4. **a.** Giovanni Caboto **b.** Cristóbal Colón **c.** Bartolomé Ferrelo
5. **a.** La Pinta **b.** La Niña **c.** La Santa María
6. **a.** Los Caboto **b.** Los de Soto **c.** Los Pinzón

Actividad D ¿De qué hablan? Escuche y escoja.

1. a b c
2. a b c
3. a b c
4. a b c

Nombre ______________________________ Fecha ____________________

CONVERSACIÓN

UN CRIMEN

Vocabulario

Actividad A Definiciones. Escuche y escoja.

a. empujar
b. quitar
c. cortar
d. la comisaría
e. el truco
f. el bolsillo
g. el robo, el crimen
h. la cartera
i. el carterista

1. ________
2. ________
3. ________
4. ________
5. ________
6. ________
7. ________
8. ________
9. ________

Comprensión

Actividad B En la comisaría. Escuche.

Actividad C ¿Sí o no? Escuche y escoja.

1. sí no
2. sí no
3. sí no
4. sí no
5. sí no
6. sí no
7. sí no

LENGUAJE

Actividad A Escuche y responda.

Actividad B Escuche y responda.

Actividad C Escuche y responda.

Actividad D Escuche y responda.

Nombre ______________________ Fecha ______________

ESTRUCTURA I

Actividad A Escuche y conteste.

Ejemplo: *(You hear)* ¿Vas a comer?
(You say) No. Ya he comido.

Actividad B Escuche y conteste.

Ejemplo: *(You hear)* Lo escribieron, ¿verdad?
(You say) Sí, lo han escrito.

Actividad C Escuche y conteste.

Ejemplo: *(You hear)* ¿Has visto a alguien?
(You say) No, no he visto a nadie.

Actividad D Escuche y conteste.

Ejemplo: *(You hear)* ¿Es gorda Alicia?
(You see) flaca
(You say) No es gorda sino flaca.

1. flaca
2. tacaño
3. listos
4. perezoso
5. aburrida

Nombre ________________________ Fecha ________________

PERIODISMO

LOS TITULARES

Vocabulario

Actividad A Escuche y escoja.

1. a b c

2. a b c

3. a b c

4. a b c

5. a b c

6. a b c

7. a b c

8. a b c

Actividad B Definiciones. Escuche y escoja.

a. aprobar
b. demandar
c. fracasar
d. reducir

1. ________
2. ________
3. ________
4. ________

Nombre ______________________________ Fecha ______________

Comprensión

Actividad C Escuche y escoja.

Buenos Aires,
martes 3 de octubre

El Clarín

LOS CHOFERES TRABAJAN A CÓDIGO DESDE LA MEDIANOCHE

Demoras en el servicio de colectivos

______

Madrid, domingo 18 de junio **El País**

SANIDAD

El consumo de cigarrillos bajos en nicotina no reduce el riesgo de infarto

______

Montevideo, lunes 17 de septiembre

LOS DOCENTES HARÁN PAROS EN EL INTERIOR

En cambio, habrá clases en la Capital

______

Madrid, martes 5 de enero **El País**

EL SUPREMO DE EE.UU. ABRE LA VÍA PARA QUE LAS VÍCTIMAS DEL TABACO DEMANDEN A LAS COMPAÑÍAS

______

Nombre ______________________ Fecha ______________

LOS SUCESOS

Vocabulario

Actividad A Sinónimos. Escuche y escoja.

a.	apoderarse de	**f.**	rescatar
b.	destruir	**g.**	el maleante
c.	sobrepasar	**h.**	la madrugada
d.	fallecer	**i.**	los damnificados
e.	ocasionar	**j.**	el fuego

1. ________ 6. ________

2. ________ 7. ________

3. ________ 8. ________

4. ________ 9. ________

5. ________ 10. ________

Actividad B Escuche y escoja.

____

____

____

____

____

Nombre ______________________ Fecha ______________

Comprensión

Actividad C Escuche.

Actividad D Escuche y conteste.

Actividad E Escuche.

Actividad F Escuche y complete.

1. La noticia viene del estado mexicano de ______________.
2. El problema es una ola de intenso ______________.
3. Las temperaturas han subido a más de ______________ grados centígrados.
4. A causa del calor, más de seis personas se han ______________.
5. Muchas otras personas han sufrido de la ______________.
6. En el pueblo de Bachiniva se murió un ______________ de once meses.
7. Y en la ciudad de Chihuahua se murió una ______________.

Actividad G Escuche.

Actividad H Escuche y escoja.

1. a b c
2. a b c
3. a b c
4. a b c
5. a b c

Nombre ______________________ Fecha ______________

UN POCO MÁS

Actividad A Escuche y escoja.

____ **Cientos mueren en accidentes durante feriado**

Lluvias, factor decisivo en desastre de Ecuador

____

Cáritas de Córdoba crea una empresa para parados mayores de 45 años ____

____ **427 trabajadores realizan huelga de hambre en el país**

Los vendedores ambulantes desafían al alcalde ____

ESTRUCTURA II

Actividad A Escuche y conteste.

Ejemplo: *(You hear)* Número 0.
(You see) tú / salir
(You say) Cuando yo llegué, tú ya habías salido.

1. tú / salir
2. él / llegar
3. ellos / comer
4. Uds. / acostarse
5. ella / irse
6. Ud. / volver

Actividad B Escuche y conteste.

Ejemplo: *(You hear)* ¿Abrirlo?
(You see) ellos
(You say) Si ya lo han abierto.

1. ellos
2. tú
3. nosotros
4. Uds.
5. él
6. yo

Actividad C Escuche y conteste.

Ejemplo: *(You hear)* ¿Qué habría hecho Luis?
(You see) ayudar
(You say) Luis habría ayudado.

1. ayudar
2. salir
3. llamar
4. escaparse
5. responder

Actividad D Escuche y conteste.

Ejemplo: *(You hear)* Para el año que viene, ¿qué habrás hecho tú?
(You see) recibir una beca
(You say) Yo habré recibido una beca.

1. recibir una beca
2. terminar sus estudios
3. hacer un viaje a Chile
4. casarse
5. ingresar en el ejército
6. mudarse a otra ciudad

Actividad E Escuche y conteste.

Ejemplo: *(You hear)* ¿Es alto el edificio?
(You say) Sí, es altísimo.

Nombre ______________________ Fecha ______________

LITERATURA

UN ROMANCE Y UN CORRIDO

Vocabulario

Actividad A Escuche y escoja.

______

______

______

______

______

Actividad B Definiciones. Escuche y escoja.

a. nacer	e. la muerte	i. la viuda
b. labrar	f. la laguna	j. la huerta
c. casarse	g. los moros	k. el cautivo
d. gritar	h. el golpe	l. la mentira

1. ______	5. ______	9. ______
2. ______	6. ______	10. ______
3. ______	7. ______	11. ______
4. ______	8. ______	12. ______

Nombre ______________________ Fecha ______________

Comprensión

Actividad C Escuche y escoja.

1. a b c
2. a b c
3. a b c
4. a b c
5. a b c
6. a b c
7. a b c

Actividad D "Abenámar". Escuche.

Actividad E Escuche y conteste.

Actividad F "En Durango comenzó". Escuche.

Actividad G Escuche y escoja.

1. a b c
2. a b c
3. a b c
4. a b c
5. a b c

Nombre ______________________ Fecha ______________

UN POCO MÁS

Actividad A Escuche y escoja.

Porfirio Díaz

______

Francisco Madero

______

Pancho Villa

______

Emiliano Zapata

______

Nombre ______________________________ Fecha ____________________

Actividad B Las noticias. Escuche y escoja.

1. La noticia que le ha llamado la atención a Carla es ________.
   - **a.** la Copa Mundial
   - **b.** las guerras en Europa
   - **c.** la economía
2. La fuente de información más importante para la joven es ________.
   - **a.** la televisión
   - **b.** los periódicos
   - **c.** la radio
3. El período histórico que le interesa mucho a Carla es ________.
   - **a.** la Edad Media en Europa
   - **b.** la conquista y colonización de las Américas
   - **c.** la época contemporánea en Norte y Suramérica
4. Pascual recibe su información sobre el mundo de ________.
   - **a.** la televisión solamente
   - **b.** los periódicos solamente
   - **c.** la televisión y los periódicos
5. Dos temas que menciona Pascual de los que hablan en su escuela son ________.
   - **a.** la política y el baloncesto
   - **b.** el hambre y el crimen
   - **c.** las películas y la televisión
6. Pascual dice que su madre se afecta mucho cuando ve fotos de ________.
   - **a.** su familia
   - **b.** gente que se muere de hambre
   - **c.** las víctimas de accidentes
7. Pascual piensa que los países ricos, ante la pobreza y el hambre, se quedan con los brazos cruzados, es decir que ________.
   - **a.** no hacen nada
   - **b.** tratan de aliviar la miseria
   - **c.** ayudan a las víctimas a resolver sus propios problemas
8. En cuanto a la historia, Pascual dice que ________.
   - **a.** es su gran pasión
   - **b.** le interesa muy poco
   - **c.** nunca la ha estudiado

Nombre ______________________ Fecha ______________

Actividad C Los hermanos. Escuche y escriba.

1. ¿Cómo se llama la señorita? ______________________
2. ¿Cuántos años tiene ella? ______________________
3. ¿Dónde vive ella? ______________________
4. ¿En qué universidad es estudiante ella? ______________________
5. ¿Cómo se llama el joven? ______________________
6. ¿Cuál es su edad? ______________________
7. ¿Dónde vive y estudia? ______________________

Actividad D Los acontecimientos más importantes. Escuche y escoja.

1. Según Mauricio, ¿cuál es la opinión que tienen los españoles de las Naciones Unidas?

   a. favorable **b.** neutral **c.** desfavorable

2. ¿Qué opinión tiene Virginia de tener mujeres en las fuerzas militares?

   a. Ella cree que es una idea muy mala.

   b. Dice que si es una manera de igualar a las mujeres y los hombres, que está bien.

   c. Cree que el servicio militar debe ser obligatorio para hombres y mujeres.

Nombre ______________________ Fecha ______________

Actividad E El crimen. Escuche y complete.

1. Mauricio dice que en España hay delincuencia pero poco crimen serio porque la población civil no tiene ______________.
2. Virginia una vez vio a alguien robar algo en el ______________.
3. A Virginia también una vez le robaron algo pero ella no hizo nada porque le dio ______________.

Nombre ______________________ Fecha ______________

LOS VALORES

CULTURA

LOS VALORES

Vocabulario

Actividad A Definiciones y sinónimos. Escuche y escoja.

a. lanzarse
b. girar
c. compartir
d. recoger
e. hacerse cargo de

1. ________
2. ________
3. ________
4. ________
5. ________

Actividad B ¿De qué están hablando? Escuche y escoja.

a. la desconocida
b. el parentesco
c. el ascenso
d. los recursos
e. el eje
f. la deshonra
g. los trapos
h. la gota
i. el mendigo

1. ________
2. ________
3. ________
4. ________
5. ________
6. ________
7. ________
8. ________
9. ________

Comprensión

Actividad C Escuche y conteste.

Actividad D Escuche y escoja.

1. a b c
2. a b c
3. a b c
4. a b c
5. a b c
6. a b c

CONVERSACIÓN

EL QUE INVITA PAGA

Vocabulario

Actividad A ¿De qué están hablando? Escuche y escoja.

a. adivinar
b. agradar
c. dar vergüenza
d. el pelado
e. las monedas

1. ________
2. ________
3. ________
4. ________
5. ________

Comprensión

Actividad B Escuche.

Actividad C Escuche y conteste.

Nombre ______________________ Fecha ______________

LENGUAJE

Actividad A Escuche y responda.

Ejemplo: *(You hear)* Número 0.
(You see)

(You say) Te invito a tomar café.

1.

2.

3.

Actividad B Escuche y responda.

Actividad C Escuche y responda.

Ejemplo: *(You hear)* Número 0.
(You see)

(You say) ¿Te apetece tomar un café?

1.

2.

3.

Nombre ______________________ Fecha ______________

ESTRUCTURA I

Actividad A Escuche y conteste.

Ejemplo: *(You hear)* ¿Quién es abogada?
(You see) Sra. Maldonado
(You say) La señora Maldonado es abogada.

1. Sra. Maldonado
2. Sres. Figueroa
3. Sr. Hinojosa
4. Srta. Obregón
5. Dr. Sánchez
6. Profesora Ariza

Actividad B Escuche y conteste.

Ejemplo: *(You hear)* Buenos días.
(You see) Sra. Maldonado
(You say) Buenos días, señora Maldonado.

1. Sra. Maldonado
2. Sres. Figueroa
3. Sr. Hinojosa
4. Srta. Obregón
5. Dr. Sánchez
6. Profesora Ariza

Actividad C Escuche y conteste.

LECCIONES Y DEBERES

	ASIGNATURAS	Exponer o Redactar	TEMAS
LUNES	Matemáticas		Ejercicios en la página 235.
MARTES	Historia		Leer el capítulo 9 y contestar las preguntas.
MIÉRCOLES	Inglés		Estudiar para el examen el jueves.
JUEVES	Química		Ir al laboratorio.
VIERNES	Lenguaje		Escribir una composición sobre mis metas personales.
SÁBADO	Geografía		Dibujar un mapa.
DOMINGO			

Nombre ____________________ Fecha ____________

Actividad D Escuche y conteste.

Ejemplo: *(You hear)* ¿Qué se ponen los obreros?

(You see)

(You say) Se ponen el casco.

1.

2.

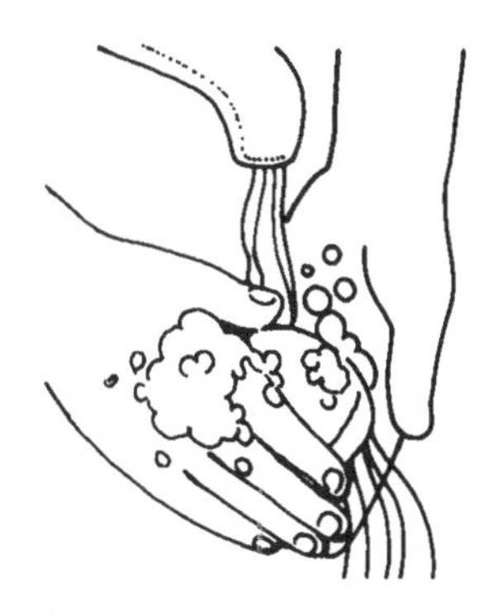

3.

4.

5.

6.

Nombre ______________________ Fecha ______________

Actividad E Escuche y conteste.

1. ingeniera
2. astronauta
3. dentistas
4. profesor
5. electricista
6. estudiantes

Actividad F Escuche y conteste.

1. ingeniera excelente
2. astronauta famosa
3. dentistas ricos
4. profesor dedicado
5. electricista formidable
6. estudiantes muy buenos

Actividad G Escuche y conteste.

Ejemplo: *(You hear)* ¿La mochila es para Sandra?
(You say) Sí, es para ella.

Nombre ______________________ Fecha ______________

PERIODISMO

UNA CARTA AL DIRECTOR

Vocabulario

Actividad A ¿De qué hablan? Escuche y escoja.

a. el carné
b. el presupuesto
c. el afecto
d. el trayecto
e. el cargo
f. rehusar
g. autorizar

1. ________
2. ________
3. ________
4. ________
5. ________
6. ________
7. ________

Actividad B Escuche y escoja.

1. a b c
2. a b c
3. a b c
4. a b c
5. a b c
6. a b c
7. a b c

Comprensión

Actividad C Escuche.

Actividad D Escuche y escoja.

1. a b c
2. a b c
3. a b c
4. a b c
5. a b c
6. a b c
7. a b c

Actividad E Escuche y conteste.

Nombre ______________________ Fecha ______________

LA INFLUENCIA DE LA FAMILIA

Vocabulario

Actividad A Definiciones y sinónimos. Escuche y escoja.

a. elegir
b. vengar
c. fluir
d. heredar
e. estar dispuesto a
f. asemejarse
g. extrañar
h. aportar

1. ______ 5. ______
2. ______ 6. ______
3. ______ 7. ______
4. ______ 8. ______

Actividad B Escuche y escoja.

1. a b c 4. a b c
2. a b c 5. a b c
3. a b c 6. a b c

Comprensión

Actividad C El hijo de Paquirri. Escuche.

Actividad D Escuche y escoja.

1. a b c 5. a b c
2. a b c 6. a b c
3. a b c 7. a b c
4. a b c

Actividad E Escuche y conteste.

UN POCO MÁS

Actividad A Plaza de Toros Las Ventas. Escuche y conteste.

A LAS 6 DE LA TARDE

ORGANIZADA POR EL CENTRO DE ASUNTOS TAURINOS DE LA COMUNIDAD DE MADRID
SE LIDIARAN SEIS TOROS CORRESPONDIENTES A LAS SIGUIENTES GANADERIAS

SEPULVEDA • EDUARDO MIURA • CONCHA Y SIERRA

MARIA LUISA DOMINGUEZ PEREZ DE VARGAS • FERMIN BOHORQUEZ • MARQUES DE ALBASERRADA

QUE SERAN LIDIADOS POR LOS SIGUIENTES ESPADAS

LUIS FRANCISCO ESPLA • TOMAS CAMPUZANO • PEDRO CASTILLO

acompañados de sus correspondientes cuadrillas

CINCO GRANDIOSOS FESTEJOS, CON MOTIVO DE LAS FIESTAS DE LA COMUNIDAD DE MADRID

2 MAGNIFICAS CORRIDAS DE TOROS Y TRES SENSACIONALES NOVILLADAS CON PICADORES (INCLUIDAS EN EL ABONO PREFERENCIAL)

MIERCOLES 1 de Mayo
6 novillos de LA GUADAMILLA
para
FRANCISCO RODRIGUEZ "PAQUILLO"
de Villaviciosa de Odón,
RAUL GRACIA "EL TATO"
PEDRO CARRA
de Calahorra, nuevo en esta Plaza

VIERNES 3 de Mayo
6 novillos de COUTO DE FORNILLOS
para
MARIANO JIMENEZ
de Cenicientos,
ANGEL MARTINEZ
de Torrijos, triunfador de la temporada
CRISTO GONZALEZ

SABADO 4 de Mayo
6 novillos de PALOMO LINARES
para
JAVIER VAZQUEZ
RAFAEL GONZALEZ CHIQUILIN,
de Córdoba, nuevo en esta Plaza
GABRIEL MELENDEZ,
de México, nuevo en esta Plaza

DOMINGO 5 de Mayo
Sensacional Corrida de Toros
6 Hermosos toros de D. ANTONIO PEREZ
para
LUCIO SANDIN
PEDRO LARA
RAFAEL PEREA «EL BONI»

Todos los festejos darán comienzo a las 6 de la tarde.

VENTA DE LOCALIDADES, PARA LOS CINCO FESTEJOS: Abonados: Lunes 29, de 10 a 2 y de 5 a 8.
Público en general: Martes, 30 de 10 a 2 y de 5 a 8. Miércoles 1, Jueves 2, Viernes 3, Sábado 4 y Domingo 5, desde las 10 de la mañana hasta la hora del comienzo, si todavía las hubiere, y de 10 a 2 para los festejos restantes.
ESPECIALES NIÑOS (MENORES 16 AÑOS) GRADAS SOL. 100 Pts.

NOTA: Si una vez conocidos los carteles definitivos de las corridas incluidas en el "abono preferencial" estos no fueran de su agrado, el titular del abono podrá obtener la devolución del mismo, si lo considera oportuno. Asimismo tiene derecho a la devolución del importe de una corrida determinada cuando sea suspendida o cuando sea sustituido algún espada por otro de distinta categoría.

Comunidad de Madrid
Consejería de Cultura
Centro de Asuntos Taurinos

Nombre ______________________________ Fecha ____________________

Actividad B Los toros. Escuche y conteste.

Actividad C El carné de identidad. Escuche y conteste.

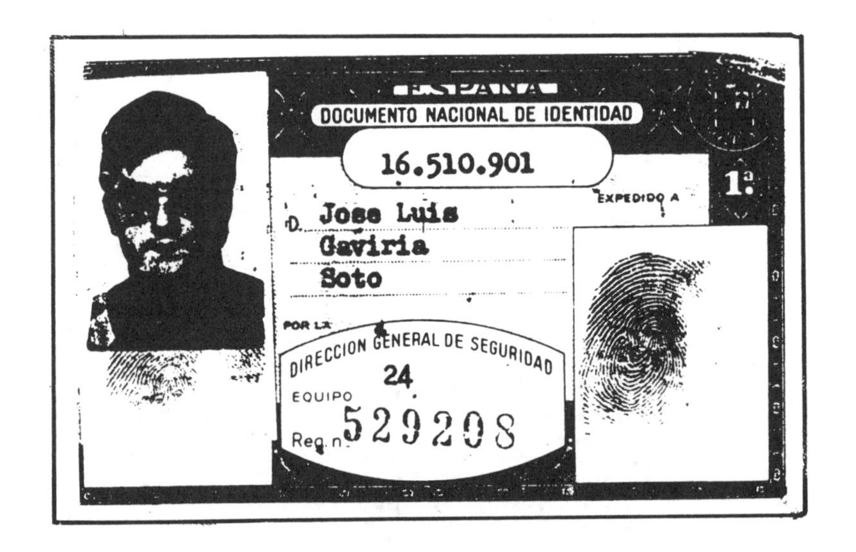

ESTRUCTURA II

Actividad A Escuche y conteste.

Ejemplo: *(You hear)* ¿Marta ha recibido sus notas?
(You say) Es posible que haya recibido sus notas.

Actividad B Escuche y conteste.

Ejemplo: *(You hear)* ¿Rosalinda ha llegado?
(You say) No, no creo que haya llegado.

Actividad C Escuche y conteste.

Ejemplo: *(You hear)* ¿Qué temías?
(You see) ellos / volver
(You say) Que ellos hubieran vuelto.

1. ellos / volver
2. Juan / ganar
3. tú / salir
4. nosotros / renunciar
5. yo / ir

Actividad D Escuche y conteste.

Actividad E Escuche y conteste.

Ejemplo: *(You hear)* ¿Los libros son de Samuel?
(You say) Sí, son suyos.

Actividad F Escuche y conteste.

Ejemplo: *(You hear)* ¿Te gusta ese carro?
(You say) Sí, ése me gusta.

Nombre ______________________ Fecha ______________

LITERATURA

ZALACAÍN EL AVENTURERO

Vocabulario

Actividad A Escuche y escoja.

______

______

______

______

______

______

______

______

______

Nombre ______________________ Fecha ______________

Actividad B Definiciones y sinónimos. Escuche y escoja.

a. soñar
b. matar
c. habitar
d. adivinar
e. pertenecer
f. atravesar
g. asustar

1. ______
2. ______
3. ______
4. ______
5. ______
6. ______
7. ______

Comprensión

Actividad C Zalacaín. Escuche y conteste.

MI PADRE

Vocabulario

Actividad A Escuche y escoja.

______

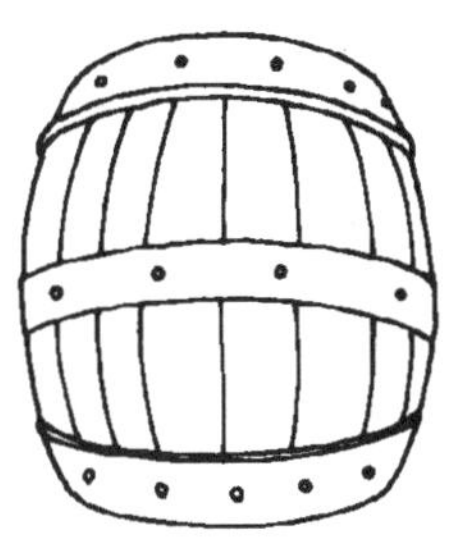
______

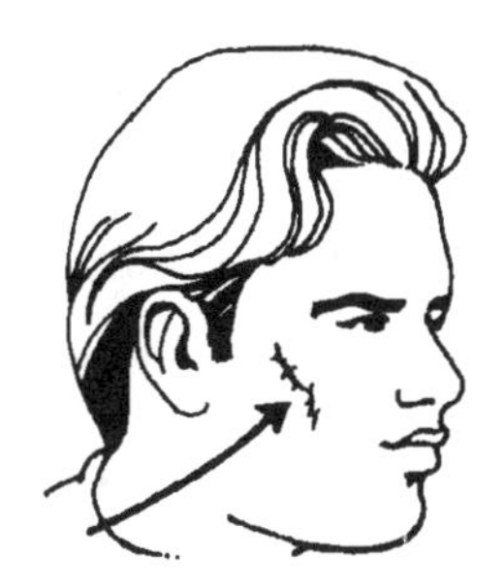
______

______

______

Nombre ____________________ Fecha ____________

Actividad B Definiciones y sinónimos. Escuche y escoja.

a. la hazaña
b. tragar
c. el/la cobarde
d. el aliento
e. el temor
f. la virtud
g. a hurtadillas
h. el escalofrío
i. envidiar
j. aturdido

1. ________
2. ________
3. ________
4. ________
5. ________
6. ________
7. ________
8. ________
9. ________
10. ________

Comprensión

Actividad C Mi padre. Escuche y escoja.

1. a b c
2. a b c
3. a b c
4. a b c
5. a b c

Actividad D Mi padre. Escuche y conteste.

Nombre ______________________ Fecha ______________

UN POCO MÁS

Actividad A Mire y cuente.

Actividad B ¿Qué son? Escuche y escoja.

a. profesora
b. autora
c. guía
d. agricultor
e. torero

1. ________
2. ________
3. ________
4. ________
5. ________

Nombre ______________________________ Fecha ______________

Actividad C La familia. Escuche y escoja.

1. Virginia dice que ella y su familia son muy ________.

   a. separadas   b. unidas

2. Mauricio dice que las familias españolas de hoy, comparadas con las familias del pasado, son más ________.

   a. pequeñas   b. grandes

3. Según Mauricio, el descenso en la tasa de natalidad va a afectar ________.

   a. el sistema escolar   b. las fuerzas militares

4. Carla cree que lo mejor que uno puede tener, el tesoro más apreciado, es la ________.

   a. educación   b. familia

5. Carla nota que comparadas con las familias norteamericanas, las familias latinas son más ________.

   a. cariñosas   b. formales

6. Para Pascual, la familia es sencillamente ________ .

   a. importante   b. todo

Actividad D Otros valores. Escuche y escoja.

1. En la familia de Pascual un valor importante es ________.
   a. la honradez b. la valentía
2. Para Carla, los dos valores más importantes son ________.
   a. la honestidad y la valentía b. la amistad y la sinceridad
3. Los valores más importantes para Mauricio son ________.
   a. la honradez y la sinceridad b. la valentía y el individualismo
4. Mauricio cree que el concepto del "machismo" y las diferencias en el trato de las mujeres y los hombres está cambiando debido a ________.
   a. la educación b. la política
5. Virginia cree que el "machismo" tradicional todavía existe en la comunidad ________.
   a. hispana b. gitana
6. Cuando Virginia vino a los EE.UU. le sorprendió mucho la importancia que los norteamericanos dan a ________.
   a. la bandera b. la sinceridad

Nombre ______________________ Fecha ______________

CAPÍTULO 7

LA SALUD Y EL BIENESTAR

CULTURA

ESTADÍSTICAS SOBRE LA SALUD

Vocabulario

Actividad A Definiciones y sinónimos. Escuche y escoja.

a. los alimentos
b. inscribir
c. estatal
d. médico
e. alimenticio, alimentario
f. pesquero
g. diario

1. ________
2. ________
3. ________
4. ________
5. ________
6. ________
7. ________

Actividad B Escuche y escoja.

Comprensión

Actividad C Estadísticas. Escuche y escoja.

a. 0,9:1.000	**e.** 38%	**i.** 46,3
b. 1,2:1.000	**f.** 40,7%	**j.** 112,8
c. 8:1.000	**g.** 67%	**k.** 2.081
d. 27,7:1.000	**h.** 100%	**l.** 3.368

1. ________
2. ________
3. ________
4. ________
5. ________
6. ________
7. ________
8. ________
9. ________
10. ________
11. ________
12. ________

Nombre ______________________________ Fecha ____________________

CONVERSACIÓN

LA SALUD

Vocabulario

Actividad A Escuche y escoja.

____

____

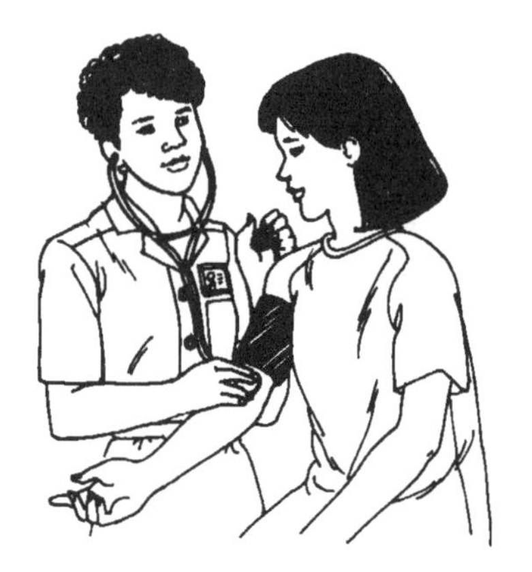

____

____

____

Actividad B Definiciones y sinónimos. Escuche y escoja.

a. exigir
b. caminar
c. cardíaco
d. pulmonar
e. gozar de buena salud

1. ______
2. ______
3. ______
4. ______
5. ______

Comprensión

Actividad C Un examen médico. Escuche.

Actividad D Escuche y escoja.

1. a b c
2. a b c
3. a b c
4. a b c
5. a b c
6. a b c
7. a b c
8. a b c

Actividad E ¡Estoy en forma! Escuche.

Actividad F Escuche y complete.

1. Ella cree que siempre está en forma porque hace mucho ______________.
2. Dos ejercicios que le gustan al joven son caminar y hacer ______________.
3. Y en cuanto a los alimentos, él sigue una buena ______________.
4. El yogur y cereales es lo que él toma para el ______________.
5. La muchacha cree que es muy importante la ______________ personal.

Nombre ______________________ Fecha ______________

LENGUAJE

Actividad A Escuche y conteste.

Actividad B Escuche y conteste.

Actividad C Escuche y pregunte.

Actividad D Mire y responda.

Ejemplo: *(You hear)* Número 0.
(You see)

(You say) Tengo hambre.

1.

2.

3.

Actividad E Escuche y responda.

Ejemplo: *(You hear)* No estoy bien.
(You say) No me siento bien.

Nombre ______________________ Fecha ______________

Actividad F Escuche y escoja.

______ ______ ______

______ ______ ______

Actividad G Preguntas personales. Escuche y conteste.

Nombre ______________________ Fecha ______________

ESTRUCTURA I

Actividad A Escuche y conteste.

Actividad B Escuche y responda.

Ejemplo: *(You hear)* Éste es bueno.
(You say) Sí, pero ése es mejor.

Ejemplo: *(You hear)* Ésta es mala.
(You say) Sí, pero ésa es peor.

Actividad C Escuche y responda.

Ejemplo: *(You hear)* ¿El médico?
(You see) médico / bueno
(You say) Éste es bueno, ése es mejor, pero aquél es el mejor.

1. médico / bueno
2. enfermero / malo
3. hospitales / buenos
4. clínica / mala
5. cirujanos / malos

Actividad D Preguntas personales. Escuche y conteste.

Actividad E Escuche y responda.

Ejemplo: *(You hear)* Número 0.
(You see) Martina / inteligente / Luis
(You say) Martina es tan inteligente como Luis.

Ejemplo: *(You hear)* Número 0.
(You see) ella / estudiar / él
(You say) Ella estudia tanto como él.

1. Martina / inteligente / Luis
2. ella / estudiar / él
3. ella / ambiciosa / él
4. ella / tener talento / él
5. ella / recibir notas buenas / él

Actividad F Escuche y responda.

Ejemplo: *(You hear)* Número 0.
(You see) Pepe / acostarse / 10:00
(You say) Pepe se acuesta a las diez.

1. Pepe / acostarse / 10:00
2. Luisa / levantarse / 7:00
3. yo / despertarse / 6:00
4. nosotros / desayunarse / 7:30
5. ellos / vestirse / 8:00
6. nosotros / acostarse / 10:30
7. tú / dormirse / en seguida

Nombre ______________________ Fecha ______________

Actividad G Preguntas personales. Escuche y conteste.

Actividad H ¿Qué hace Samuel? Mire y responda.

Ejemplo: *(You hear)* Número 0.

(You see)

(You say) Samuel lava al perro.

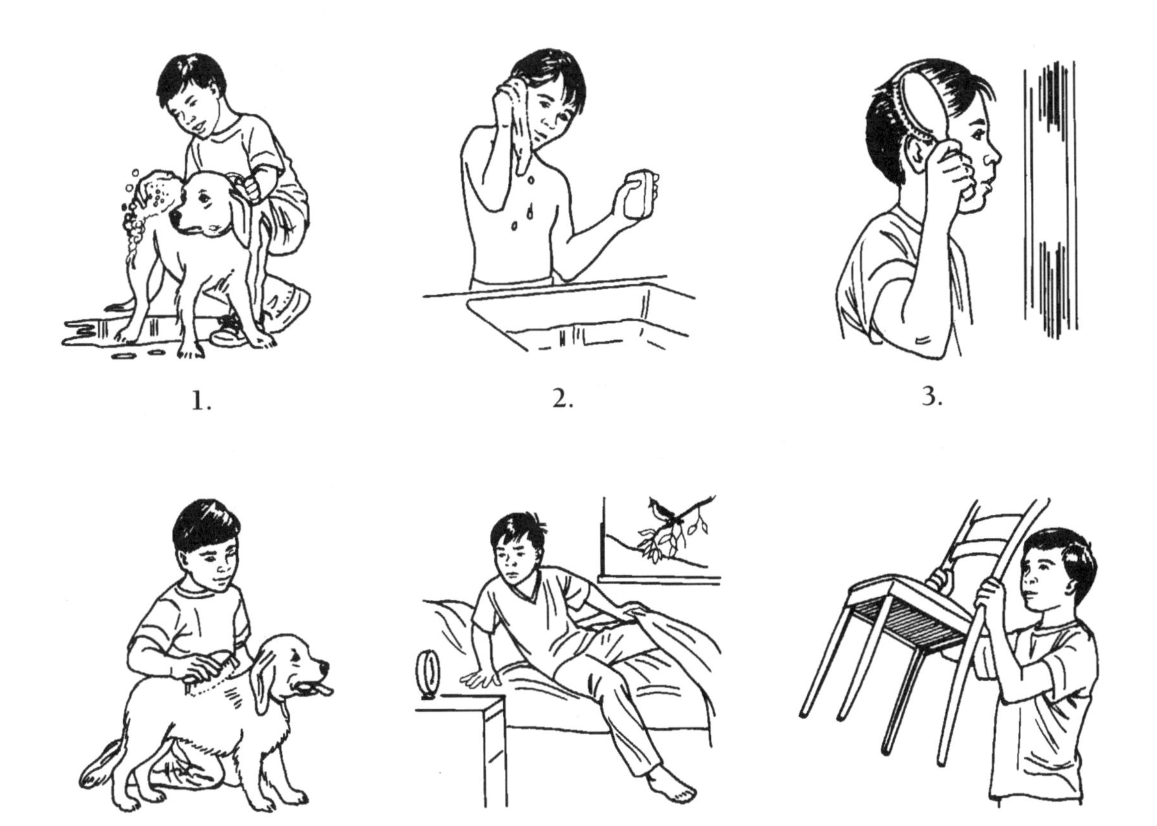

1. 2. 3.

4. 5. 6.

Actividad I Escuche y conteste.

1. en una fiesta
2. en un café
3. sí
4. (pregunta personal)

Nombre ______________________ Fecha ______________

PERIODISMO

SALUD ESTUDIANTIL

Vocabulario

Actividad A Escuche y escoja.

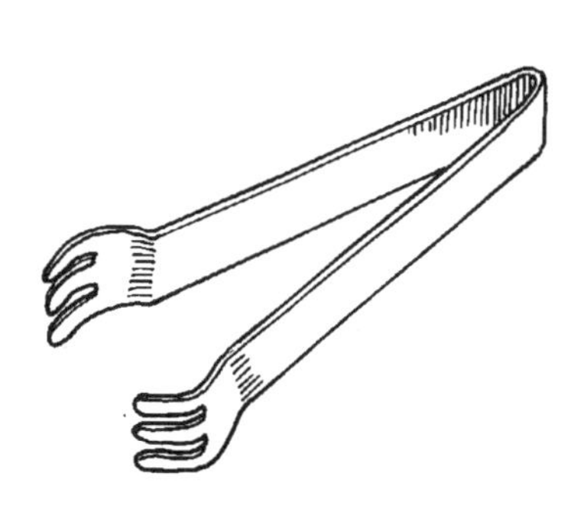

____

____

____

____

Actividad B Definiciones y sinónimos. Escuche y escoja.

a. consumir
b. los docentes
c. el acuerdo
d. el aula
e. la cantina, la cafetería

1. ________
2. ________
3. ________
4. ________
5. ________

Comprensión

Actividad C Escuche.

Actividad D Escuche y complete.

1. El Ministerio de ____________________ anunció los acuerdos.
2. Han anunciado ____________________ acuerdos.
3. Afectarán a los ____________________.
4. Hay ____________________ niveles educativos en el país.
5. La Libreta de Salud Integral costará ____________________ sucres.

Actividad E Escuche y escoja.

1. a b c
2. a b c
3. a b c
4. a b c
5. a b c
6. a b c
7. a b c
8. a b c

Nombre ______________________ Fecha ______________

LA DIETA

Vocabulario

Actividad A Escuche y escoja.

____

____

____

____

____

____

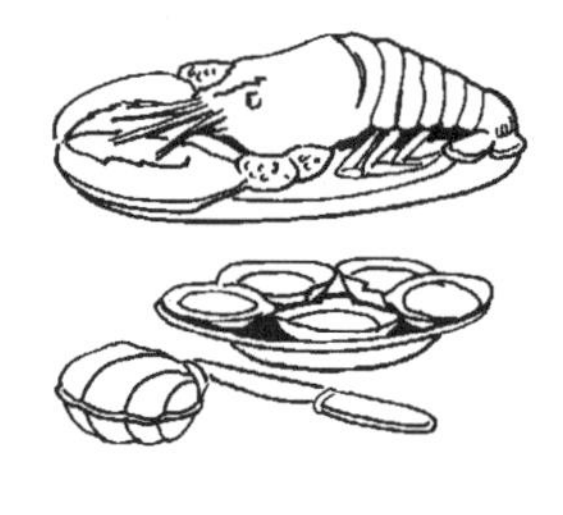

____

____

____

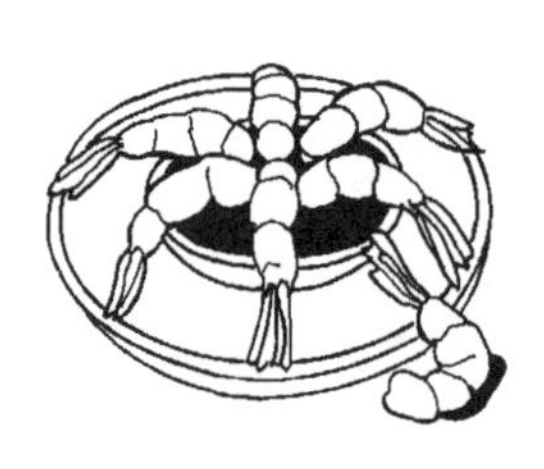

____

____

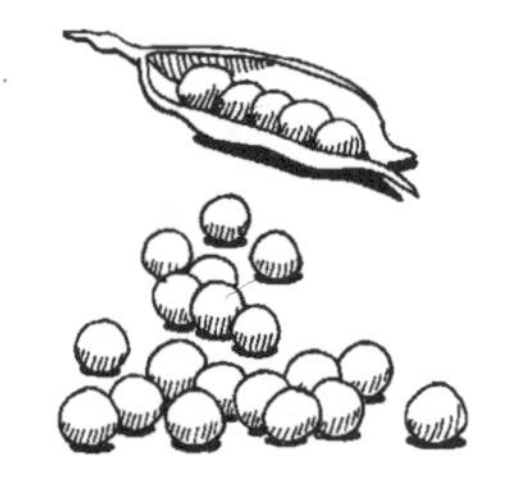

____

Nombre ______________________ Fecha ______________

Comprensión

Actividad B Escuche y escoja.

1. a b c
2. a b c
3. a b c
4. a b c

LA CONTAMINACIÓN POR EL RUIDO

Vocabulario

Actividad A Definiciones y sinónimos. Escuche y escoja.

a. sordo
b. dañado
c. destrozar
d. el ruido
e. el sonido
f. aumentar
g. la audición

1. ________
2. ________
3. ________
4. ________
5. ________
6. ________
7. ________

Actividad B ¿De qué es el sonido? Escuche y escoja.

a. un taladro **b.** un disparo **c.** un claxon

1. ________
2. ________
3. ________

Actividad C Escuche y escoja.

______

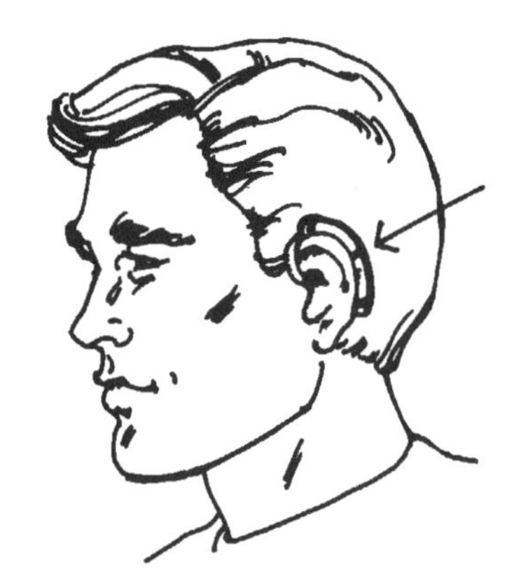

______

______

______

Comprensión

Actividad D Algunas sugerencias. Escuche.

Actividad E Escuche y escoja.

1.	a	b	c	**5.**	a	b	c
2.	a	b	c	**6.**	a	b	c
3.	a	b	c	**7.**	a	b	c
4.	a	b	c				

UN POCO MÁS

Actividad A Escuche y escoja.

•¿Es realmente beneficiosa la cura del jugo de arándano agrio para infecciones de la vejiga? PÁGINA 403.

•*El maravilloso mineral (en la PÁGINA 564) que ayuda a reducir la alta presión sanguínea — ¡sin medicina!*

•¿Tiene fiebre? Una doctora le recomienda el té herbario que realmente hace efecto, en la PÁGINA 298.

• Infórmese sobre las píldoras para el síndrome premenstrual ("PMS") en la PÁGINA 643.

•Este simple ejercicio es excelente para bajar la presión sanguínea. PÁGINA 566.

•Cómo usar una taza de café fuerte para acortar un ataque de asma. ¡Sorprendente! PÁGINA 53.

• Humedezca la piel seca con vaselina. ¡No hay nada mejor! PÁGINA 542.

•Alimentos para ayudarle dormir. PÁGINA 425.

•Desayune con este alimento delicioso que también puede reducir el nivel de colesterol. PÁGINA 113.

•Solamente una cucharadita diaria de este aceite de pescado (mencionado en la PÁGINA 45) ayuda a aliviar el dolor de la artritis reumática. ¡Increíble!

•Suavize las manos irritadas con aceite de limón. (¡Sí! aceite de limón.) PÁGINA 478.

• Los dentistas revelan el secreto de cepillarse los dientes correctamente PÁGINA 613.

• Cómo las mujeres pueden proteger sus labios del cáncer. PÁGINA 438.

Y más . . .

1. ________
2. ________
3. ________
4. ________
5. ________
6. ________

Nombre ______________________________ Fecha ____________________

Actividad B Escuche.

Actividad C Escuche y escoja.

1. a b c
2. a b c
3. a b c
4. a b c
5. a b c
6. a b c
7. a b c
8. a b c
9. a b c

ESTRUCTURA II

Actividad A Escuche y responda.

Ejemplo: *(You hear)* La señora vive en nuestro edificio. La señora es dentista.
(You say) La señora que vive en nuestro edificio es dentista.

Actividad B Escuche y conteste.

Ejemplo: *(You hear)* ¿Cuál de las canciones es tu preferida?
(You see) estoy tocando
(You say) Mi preferida es la que estoy tocando.

1. estoy tocando
2. batea ahora
3. están allí
4. están en mi clase
5. se sienta en la primera fila

Actividad C Escuche y responda.

Ejemplo: *(You hear)* Quiero un carro nuevo.
(You see) nota buena
(You say) Lo que yo quiero es una nota buena.

1. nota buena
2. algo para beber
3. más tiempo
4. otra revista

Actividad D Escuche y escoja.

1. a b
2. a b
3. a b
4. a b
5. a b
6. a b
7. a b
8. a b
9. a b

Actividad E Escuche y conteste.

Nombre ______________________ Fecha ______________

LITERATURA

UN DÍA DE ÉSTOS

Vocabulario

Actividad A Escuche e identifique.

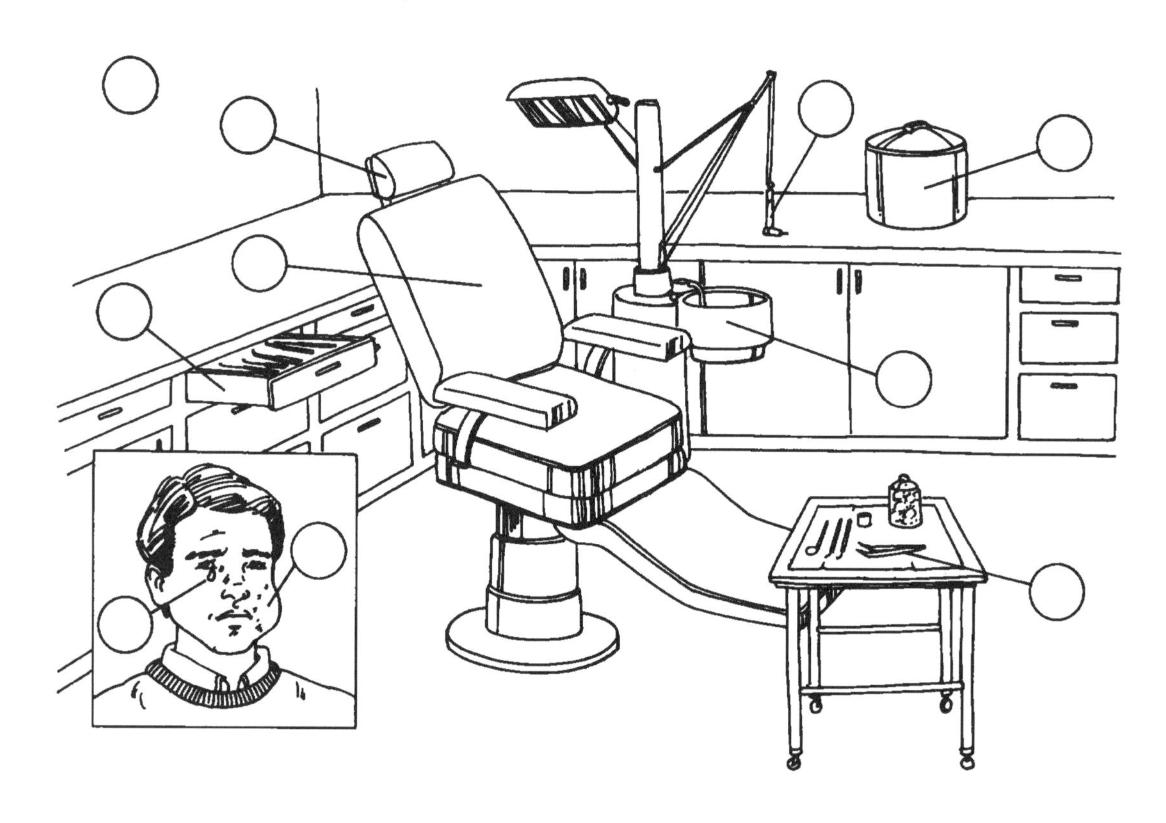

Actividad B Definiciones y sinónimos. Escuche y escoja.

a.	la muela	f.	el cepillo de dientes
b.	las encías	g.	la seda dental
c.	la caries	h.	tibio
d.	la pasta dentífrica	i.	amanecer
e.	el trapo	j.	apresurarse

1. ________ 6. ________

2. ________ 7. ________

3. ________ 8. ________

4. ________ 9. ________

5. ________ 10. ________

Comprensión

Actividad C Escuche.

Actividad D Escuche y escoja.

1. a b c

2. a b c

3. a b c

4. a b c

5. a b c

6. a b c

7. a b c

8. a b c

9. a b c

10. a b c

11. a b c

Actividad E Escuche y conteste.

Nombre ______________________ Fecha ______________

LA TÍA JULIA Y EL ESCRIBIDOR

Vocabulario

Actividad A Escuche y escoja.

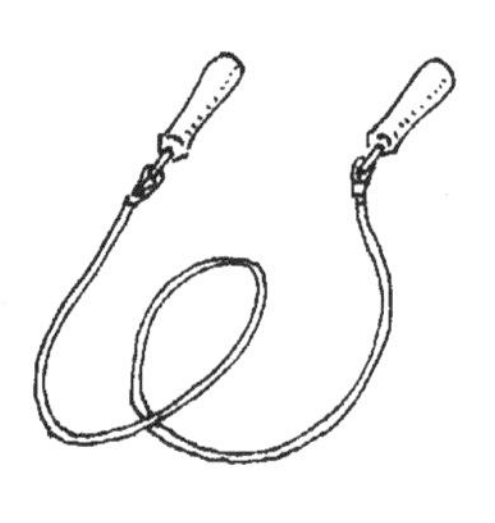

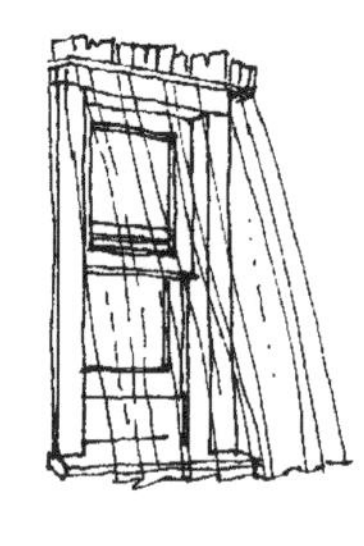

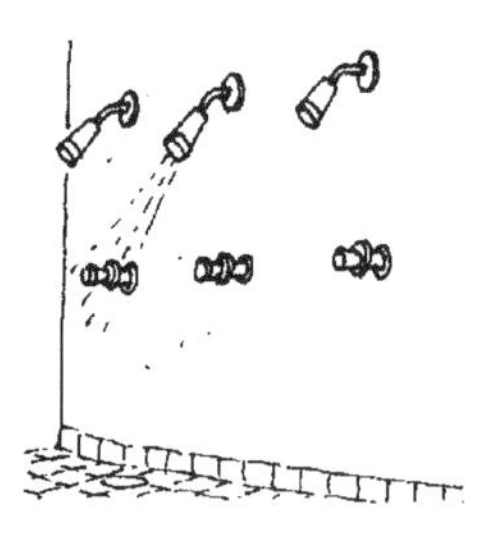

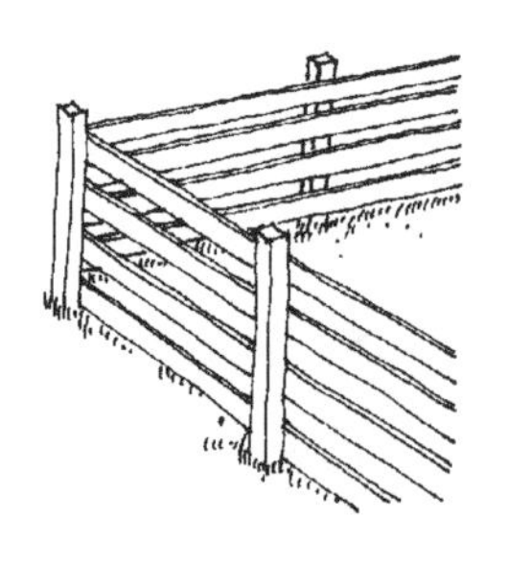

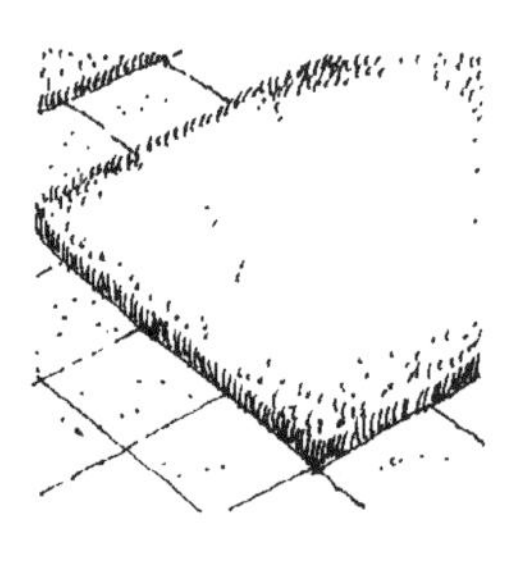

Actividad B Definiciones y sinónimos. Escuche y escoja.

a.	regar	**g.**	el ciego
b.	podar	**h.**	el vientre
c.	ladrar	**i.**	el galeno
d.	flaco	**j.**	el azulejo
e.	apuesto	**k.**	la copa
f.	cotidiano	**l.**	la carrera de ciclismo

1. ________ 7. ________

2. ________ 8. ________

3. ________ 9. ________

4. ________ 10. ________

5. ________ 11. ________

6. ________ 12. ________

Comprensión

Actividad C Escuche y escoja.

1. a b c
2. a b c
3. a b c
4. a b c
5. a b c
6. a b c
7. a b c
8. a b c
9. a b c
10. a b c

Nombre ______________________ Fecha ______________

UN POCO MÁS

Actividad A Escuche.

Actividad B Escuche y escoja.

1. a b c
2. a b c
3. a b c
4. a b c
5. a b c
6. a b c

Actividad C La forma y la dieta. Escuche y escoja.

1. Aparte del entrenamiento para el fútbol, Pascual se mantiene en forma recorriendo muchos kilómetros ________ .
   a. en carro **b.** en bicicleta **c.** en motocicleta
2. Pascual cree que el buen deportista tiene que preocuparse por ________.
   a. la dieta **b.** el descanso **c.** el ejercicio
3. Durante el descanso en la escuela a media mañana Pascual come ________.
   a. pasta **b.** tostadas con mermelada **c.** un bocadillo
4. Carla se mantiene en forma con aeróbicos y tenis, pero lo que trata de hacer lo más frecuentemente posible es ________ .
   a. nadar **b.** correr **c.** caminar

5. El desayuno de Carla consiste en ________.
   a. agua, fruta y vitaminas b. jugo, leche y cereal c. café y tostadas

6. Lo que más hace Mauricio para mantenerse en forma es practicar ________.
   a. la natación b. el jogging c. el baloncesto

7. Según Mauricio, lo que hace mucha gente para mantenerse en forma es ________.
   a. correr b. ir al gimnasio c. nadar

8. Mauricio cree que los españoles, comparados con otros, para el desayuno comen ________ .
   a. menos b. igual c. más

9. Un deporte que le gusta mucho a Virginia es ________.
   a. el baloncesto b. la natación c. el tenis

10. En casa de Virginia por la noche lo que comen, típicamente, son ________.
    a. huevos fritos y papas b. pescado y verduras c. pizza y burgers

Actividad D El cuidado médico. Escuche y complete.

1. Dice Virginia que en España el cuidado médico se paga por medio de la seguridad ____________________.

2. Una vez Mauricio tuvo que ir al médico porque, jugando al baloncesto, se torció el ____________________.

3. Mauricio dice que uno no debe bañarse después de comer porque se le puede cortar la ____________________.

4. Pascual dice que cuando su familia necesita cuidado médico van a ver a un médico que es ____________________ de ellos.

5. Si alguien en la familia de Carla se enferma y creen que es grave llaman al médico y él viene a ____________________.

6. Carla y su familia visitan al dentista ____________________ veces al año.

7. Una vez, jugando al fútbol a Pascual se le fracturó una ____________________.

Nombre ______________________ Fecha ______________

CAPÍTULO 8

RAÍCES

CULTURA

LA HERENCIA ETNOCULTURAL DE LOS HISPANOS

Vocabulario

Actividad A Definiciones y sinónimos. Escuche y escoja.

a. forzado
b. grato
c. expulsar
d. enriquecerse
e. musulmán
f. el genio

1. ________
2. ________
3. ________
4. ________
5. ________
6. ________

Actividad B Escuche y escoja.

1. a b c
2. a b c
3. a b c
4. a b c
5. a b c
6. a b c
7. a b c
8. a b c
9. a b c
10. a b c
11. a b c
12. a b c
13. a b c
14. a b c
15. a b c
16. a b c

Nombre ____________________ Fecha ____________

Comprensión

Actividad C ¿Quién es? Escuche y escoja.

	Rigoberta Menchú	Roberto Fujimori	Bernardo O'Higgins	Antonio Maceo
1.	____	____	____	____
2.	____	____	____	____
3.	____	____	____	____
4.	____	____	____	____

Actividad D ¿Sí o no? Escuche y escoja.

1. sí no
2. sí no
3. sí no
4. sí no
5. sí no
6. sí no

Actividad E Escuche y escoja.

1. a b c
2. a b c
3. a b c
4. a b c
5. a b c
6. a b c
7. a b c

Nombre ______________________ Fecha ______________

CONVERSACIÓN

LAS LENGUAS INDÍGENAS

Vocabulario

Actividad A Definiciones y sinónimos. Escuche y escoja.

a. culpable
b. autóctono
c. británico
d. étnico
e. humilde
f. el opresor
g. el maya-quiché
h. los bisabuelos
i. la vivienda
j. el entrenamiento
k. influir
l. reconocer
m. alfabetizar

1. ______
2. ______
3. ______
4. ______
5. ______
6. ______
7. ______
8. ______
9. ______
10. ______
11. ______
12. ______
13. ______

Comprensión

Actividad B El voluntario y la directora del Cuerpo de Paz. Escuche.

Actividad C Escuche y escoja.

1. a b
2. a b
3. a b
4. a b
5. a b
6. a b
7. a b

Nombre ______________________ Fecha ______________

Actividad D Escuche y complete.

1. El entrenamiento comienza ______________.
2. También va a aprender sobre la ______________ maya.
3. Por la tarde va a aprender metodología y técnicas de ______________.
4. Él va a ir al pueblo más cercano en bus y después va a ______________.
5. Él va a vivir en una ______________.
6. Él va a conocer al equipo y a los otros ______________.

Actividad E Los africanos en Latinoamérica. Escuche.

Actividad F ¿Sí o no? Escuche y escoja.

1. sí no
2. sí no
3. sí no
4. sí no
5. sí no
6. sí no
7. sí no

LENGUAJE

Actividad A Escuche y hable.

Actividad B Escuche y hable.

Nombre ______________________ Fecha ______________

ESTRUCTURA I

Actividad A Escuche y conteste.

Ejemplo: *(You hear)* ¿Quién habla?
(You see) Pepe
(You say) Pepe está hablando.

1. Pepe
2. Nosotros
3. Mi hermana
4. Yo
5. Tú

Actividad B Escuche y conteste.

Ejemplo: *(You hear)* ¿Ramonita escribe?
(You say) Sí, ella está escribiendo.

Actividad C Escuche y conteste.

Ejemplo: *(You hear)* ¿Cómo se porta Ricardo?
(You see) decente
(You say) Se porta decentemente.

1. decente
2. estupendo
3. humilde
4. generoso
5. reciente
6. general
7. puntual
8. respetuoso
9. elegante
10. discreto

Nombre ______________________ Fecha ______________

PERIODISMO

LOS MAYAS

Vocabulario

Actividad A Escuche y escoja.

1.	a	b	c	6.	a	b	c
2.	a	b	c	7.	a	b	c
3.	a	b	c	8.	a	b	c
4.	a	b	c	9.	a	b	c
5.	a	b	c	10.	a	b	c

Comprensión

Actividad B Escuche y conteste.

Actividad C Escuche.

Actividad D Escuche y complete.

1. Con el Dr. ______________.
2. Es de la Universidad de ______________.
3. Ha estado estudiando los restos de la civilización ______________.
4. El auge comenzó alrededor de ______________ antes de Cristo.
5. El gran misterio es la causa de su ______________.
6. El Dr. Demarest y sus colegas son ______________.
7. Han estado trabajando unos ______________ años.
8. Los construyeron los ______________.

Actividad E ¿Sí o no? Escuche y escoja.

1.	sí	no	6.	sí	no
2.	sí	no	7.	sí	no
3.	sí	no	8.	sí	no
4.	sí	no	9.	sí	no
5.	sí	no			

Nombre ______________________________ Fecha ____________________

UNAS CARTAS

Vocabulario

Actividad A ¿De qué están hablando? Escuche y escoja.

1. **a.** engañar **b.** informar
2. **a.** engañar **b.** informar
3. **a.** la cartilla **b.** la voluntad
4. **a.** la cartilla **b.** la voluntad

Comprensión

Actividad B Primera carta. Escuche.

Actividad C Escuche y conteste.

Actividad D Segunda carta. Escuche.

Actividad E Escuche y escoja.

1. a b c
2. a b c
3. a b c
4. a b c

Actividad F Tercera carta. Escuche.

Actividad G Escuche y escoja.

1. **a.** Rodeo **b.** TEKO **c.** Urundeiti
2. **a.** guaraní **b.** Urundeiti **c.** español
3. **a.** su familia **b.** los jefes **c.** el maestro
4. **a.** su familia **b.** los jefes **c.** el maestro
5. **a.** 12 años **b.** 22 años **c.** 32 años

Nombre ______________________ Fecha ______________

LOS JUDÍOS EN EL CARIBE

Vocabulario

Actividad A Definiciones y sinónimos. Escuche y escoja.

a. perseguir
b. el hogar
c. el rabino
d. la sinagoga
e. el pilar
f. el piso
g. los judíos

1. ________
2. ________
3. ________
4. ________
5. ________
6. ________
7. ________

Comprensión

Actividad B Escuche.

Actividad C Escuche y escoja.

1. a b c
2. a b c
3. a b c
4. a b c

Actividad D Escuche y describa.

Nombre ________________________ Fecha ________________

UN POCO MÁS

Actividad A ¡A hablar maya! Escuche y repita.

Actividad B Escuche y conteste.

Actividad C Escuche.

MARIA LUISA RAMIREZ

Directora de la emisora Voz Popular de Guatemala

Actividad D Escuche y escoja.

1. a	b	c		**4.** a	b	c
2. a	b	c		**5.** a	b	c
3. a	b	c		**6.** a	b	c

Nombre ______________________ Fecha ______________

ESTRUCTURA II

Actividad A Escuche y responda.

Ejemplo: *(You hear)* Construyeron el edificio en 1800.
(You say) El edificio fue construido en 1800.

Actividad B Escuche y responda.

Ejemplo: *(You hear)* No fue leído.
(You say) No se leyó.

Actividad C Escuche y conteste.

Ejemplo: *(You hear)* ¿Qué se vende allí?
(You see) una perfumería
(You say) Se vende perfume.

1. una perfumería
2. una mueblería
3. una carniceria
4. una floristería
5. una frutería
6. una panadería

Actividad D Escuche y conteste.

Ejemplo: *(You hear)* ¿Debemos hablar?
(You say) Sí, hablemos.

LITERATURA

LA BOMBA

Vocabulario

Actividad A La paráfrasis. Escuche y responda.

Example: *(You hear)* Lo que oí fue una explosión.
(You say) Lo que oí fue un bombazo.

mantener	meterse en	merecer
ocupar	el bombazo	el tocador

Comprensión

Actividad B La bomba. Escuche.

Actividad C ¿Sí o no? Escuche y escoja.

1. sí no
2. sí no
3. sí no
4. sí no
5. sí no

BÚCATE PLATA

Vocabulario

Actividad A Escuche y escoja.

______

______

______

______

Nombre ____________________ Fecha ____________

Comprensión

Actividad B Búcate plata. Escuche.

Actividad C Escuche y escoja.

1. a b c
2. a b c
3. a b c
4. a b c
5. a b c

EL PRENDIMIENTO DE ANTOÑITO EL CAMBORIO EN EL CAMINO DE SEVILLA

Vocabulario

Actividad A Escuche y escoja.

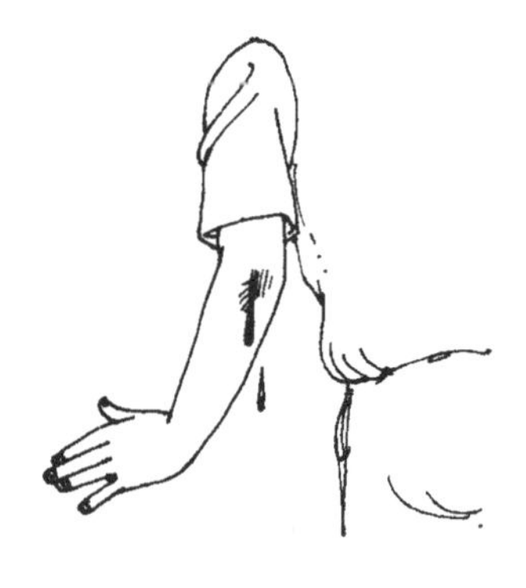

______

______

______

______

______

______

Nombre ______________________ Fecha ______________

______ ______ ______

______ ______ ______

Comprensión

Actividad B El prendimiento de Antoñito el Camborio en el camino de Sevilla. Escuche.

Actividad C Escuche y escoja.

1. a b c
2. a b c
3. a b c
4. a b c
5. a b c
6. a b c
7. a b c

Nombre ______________________ Fecha ______________

¡QUIÉN SABE!

Vocabulario

Actividad A Definiciones y sinónimos. Escuche y escoja.

a. el amo
b. el sudor
c. taciturno
d. labrar
e. ignorar

1. ________
2. ________
3. ________
4. ________
5. ________

Actividad B ¡Quién sabe! Escuche.

Actividad C Escuche y complete.

1. No. Son de ________________.
2. Por su sangre y su ________________.
3. Hace ya ________________.
4. Lleva una expresión ________________.
5. A todo, él contesta ¡________________!

Nombre ______________________ Fecha ______________

UN POCO MÁS

Actividad A Escuche.

Actividad B Escuche y conteste.

Actividad C Escriba.

Nombre ________________________ Fecha ________________

Actividad D Los indígenas. Escuche y escoja.

1. Los indígenas que viven cerca de donde vive Carla se llaman los ________.
   a. santiagos b. colorados c. brazos
2. Los indígenas de la región se quedan casi siempre en ________.
   a. sus comunidades b. las ciudades c. la capital
3. Carla ha hablado con el gobernador de los indígenas de su región y lo considera una persona muy ________ .
   a. alejada b. preparada c. conocida
4. Los indígenas preparan con el achiote un tipo de ________.
   a. falda b. camisa c. gorro

Nombre ______________________ Fecha ______________

Actividad E Los antepasados. Escuche y escoja.

1. Virginia dice que de su familia se puede decir que son castizos porque sus padres y abuelos todos son de ________.
   a. Alcobendas   b. Castilla   c. Madrid

2. Mauricio dice que los españoles son ________.
   a. todos de ascendencia romana   b. una mezcla de muchas razas y culturas   c. descendientes de culturas europeas, nada más

3. Virginia dice que en su región un grupo con una cultura diferente, ni mejor ni peor, son los ________ .
   a. castizos   b. extranjeros   c. gitanos

4. Mauricio ve que está llegando a España desde otras partes de Europa una ola de ________.
   a. miseria   b. racismo   c. democracia

Actividad F Las influencias de otras partes. Escuche y escoja.

1. Carla cree que la influencia más importante en su país es de ________.
   a. Europa   b. los indígenas   c. Norteamérica

2. Pascual cree que los que más han afectado la cultura de los españoles son ________.
   a. los romanos y los visigodos   b. los judíos y los musulmanes   c. los alemanes y los indígenas

3. Pascual cree que hay que evitar los conflictos raciales para que todos vivan en ________.
   a. amor y armonía   b. riqueza y paz   c. salud y alegría

4. La familia del padre de Pascual es originalmente de la región de ________.
   a. Madrid   b. Valencia   c. Ciudad Real

5. A causa del tráfico y del gran número de gente, a Pascual no le gusta mucho ________.
   a. Madrid   b. Valencia   c. Ciudad Real

Nombre ______________________ Fecha ______________

Actividad G El futuro. Escuche y complete.

1. Cuando termine con sus estudios en el Ecuador, Carla piensa ir a ______________.
2. Ella va a estudiar periodismo y modelaje para la ______________.
3. Pascual piensa ir a la universidad, no puede esperar mucho, y tiene que decidir lo que va a estudiar en serio ______________.
4. Virginia va a volver a la universidad y luego quiere seguir cursos de ______________.
5. Virginia dice que es importante para los españoles dominar tres idiomas, que son el ______________, el ______________ y el ______________.
6. Mauricio tiene cinco años de estudio en la universidad. En el futuro, la universidad va a durar sólo ______________ años.
7. Mauricio cree que los idiomas y la ______________ son dos cosas que todo el mundo tiene que dominar en el futuro.

NOTES

NOTES

NOTES

NOTES

NOTES

NOTES

NOTES

NOTES

NOTES

NOTES